내 별자리의 비밀언어

THE SECRET LANGUAGE OF RELATIONSHIPS

내 별자리의 비밀언어 48
물고기자리 III

초판1쇄 발행	2002.12.12.
초판2쇄 발행	2006.11.20.
지은이	게리 골드슈나이더 · 주스트 엘퍼스
옮긴이	최소영 · 최이정
펴낸이	신성모
책임 편집	김영미
편집	김윤창 · 고수경 · 지은경 · 김보영
북 디자인	오진경
영업, 홍보	최승필
관리	이영하
펴낸곳	북&월드

등록_2000년11월23일 제10-2073호
서울특별시 마포구 합정동 385-3 2층
전화(02)326-1013 팩스(02)326-0232

ISBN 89-90370-48-5 03840
　　　89-90370-00-0 (세트)
ⓒ북&월드, 2002. Printed in Seoul Korea

* 책값은 뒤표지에 표기되어 있습니다.
* 파본은 구입하신 서점에서 교환해 드립니다.

THE SECRET LANGUAGE OF RELATIONSHIPS

Copyright ⓒ 1997 by Gary Goldschneider and Joost Elffers
All rights reserved.

Korean translation copyright ⓒ 2002 by Book & World
Translate and published in Korean language by arrangement with Joost Elffers Books LLC,
New York, USA. through Eric Yang Agency, Seoul.

이 책의 한국어판 저작권은 에릭양 에이전시를 통한
Joost Elffers Books LLC. 사와의 독점계약으로 '북&월드'에 있습니다.
저작권법에 의해 한국 내에서 보호를 받는 저작물이므로 무단 전재와 무단 복제를 금합니다.

THE SECRET LANGUAGE OF RELATIONSHIPS

내 별자리의 비밀언어

48개 별자리로 본 나의 성격과 인간관계

게리 골드슈나이더 · 주스트 엘퍼스 지음 | 최소영 · 최이정 옮김

3월 11-18일 ● 물고기자리 III ● 춤과 몽상의 주간

북&월드

이 책과 처음 만난 당신에게 Introduction

인간관계의 비밀을 찾아서

두 존재의 상호작용, 관계

우리의 삶이란 결국 사람들과의 상호작용이다. 그 사람은 친구일 수도 있고 연인이나 배우자, 부모, 자식, 혹은 직장동료일 수도 있다. 우리는 이들과 나누는 상호작용을 '관계'라고 부른다. 우리의 인생에는 많은 사람들이 둥지를 틀고 있다. 그들은 누구일까? 그들의 깊은 갈망, 비애, 성취, 그리고 기쁨은 무엇일까? 내 자신보다 그들을 더 잘 이해한다는 것이 가능할까?

사실 인생의 바다를 헤엄쳐갈 때 타인과의 관계는 때로 우리를 무수한 고민과 좌절에 빠뜨린다. '타인은 바로 나 자신의 반영'이라는 명제도 있지만, 그렇다고 해서 우리가 꼭 자신과 비슷한 사람에게만 끌리는 것은 아니다. 어떤 때는 단지 성적으로 잘 맞는다거나, 혹은 나에게 도움이 된다는 아주 실용적인 이유만으로도 관계가 이루어진다.

그런데 내가 맺고 있는 관계의 많고 적음이 중요한 것은 결코 아니다. 슬픔과 기쁨, 성공과 좌절을 함께 나눌 특별한 한 사람, 어쩌면 우리는 그한 사람을 찾기 위해 이렇게 살아가고 있는 것인지도 모른다. 그리고 그런 사람을 만난다면, 그때가 바로 인생에서 가장 위대하고 숭고한 순간일 것이다.

무릇 관계란 그 자체가 하나의 존재라고 할 수 있다. 즉, 관계는 두 인간존재 사이의 상호작용을 넘어서는 힘을 가지면서 두 존재에게 영향력을 행사한다. 똑같은 사람이라도 그가 어떤 관계 속에 있는가에 따라 각기 다른 모습을 드러낸다. 또 어떤 경우 사람은 마음에 들지 않지만 그 사람과 형성하고 있는 관계 자체가 즐거울 수도 있다. 관계는 두 사람의 합이 아니라 그 둘의 의지를 넘어서는 제3의 존재인 것이다.

48개 별자리

당신은 이 책에서 이제까지 보아왔던 양자리, 처녀자리 등의 별자리 이름 대신 양-황소자리, 처녀자리 Ⅱ와 같은 별자리 이름을 보고 의아해 했을 것이다. 여기에서는 별자리를 기존의 12개로 나누는 대신 총 48개로 나눈다. 이것은 두 별자리 사이의 겹쳐지는 부분(이것을 커스프 cusp라고 부른다. 이 단어는 책 전체에 걸쳐 계속 사용되므로 기억해 두어야 한다)에 주목하여 전통 점성학을 발전시켜 별자리를 더욱 세분한 것이다.

두 별자리 사이의 겹쳐지는 부분, 즉 커스프는 모두 12개가 나오는데 그중에서도 각각 춘분, 하지, 추분, 동지를 의미하는 커스프인 물고기-양자리, 쌍둥이-게자리, 처녀-천칭자리, 사수-염소자리가 특히 중요하다. 그리고 커스프에 태어난 사람들은 성격이나 행동방식이 좀 유별나다. 그들은 세속적이며 예측 불가능하고, 까다로우며 관습에 얽매이지 않는다. 그래서 커스프에 태어난 사람들끼리는 잘 통하고 쉽게 매력을 느끼기도 한다.

커스프와 커스프 사이에는 하나의 별자리가 있게 되는데, 이 책에서는 그것을 다시 3개로 나눈다. 그래서 같은 물고기자리라도 물고기자리 Ⅰ, 물고기자리 Ⅱ, 물고기자리 Ⅲ으로 나뉘는 것이다. 이렇게 해서 총 48개의 별자리가 탄생하는데, 그 기간은 각 별자리마다 조금씩 달라 어떤 별자리는 6일간이고 어떤 별자리는 9일간이다. 별자리를 48로로 나누는 이 구분법은, 기본적으로 지구를 감싸고 있는 '황도대(태양의 둘레를 도는 지구의 궤도가 우리가 보는 하늘, 즉 천구 天球에 투영되었을 때의 궤적을 의미한다)'라는 띠와 12개의 별자리를 인정한다는 면에서는 기존의 점성학과 다르지 않다. 그러나 기존의 12개 별자리 분류법보다 훨씬 정교하고 구체적이다. 이것이 이 책의 가장 큰 특징이다.

세 가지 원의 비밀

먼저 전통 점성학에서 말하는 12개의 별자리로 이루어진 황도대라는 첫번째 원이 있다. 그리고 두번째 원은 사계절을 만들어내는 지구의 공전운동을 의미하며, 세번째 원은 태어나서 죽을 때까지 인간의 일생을 나타낸다. 묘하게도 이 세 가지 원은 서로 비슷한 특징과 스타일을 보여주는데, 바로 이 세 가지 원을 통해 48개 별자리를 분석하는 것이다. 이 세 가지 원에 대해 좀더 자세히 알고 싶다면, 책 뒤에 실린 부록 〈세 가지 원의 비밀〉을 보면 된다.

1,176가지 관계 유형

다른 점성학 책들에서도 이를테면 '쌍둥이자리와 처녀자리' 혹은 '염소자리와 물병자리'가 서로 어떤 관계인지를 이야기한다. 그것들은 대개 연인 관계에 대한 분석이었을 것이다. 또 12개의 별자리로부터 파생된 것이므로 전부 78개의 관계에 불과했을 것이다.

그러나 전체 별자리가 총 48개일 경우에는, n(n+1)/2이라는 순열공식에 의해 정확히 1,176개의 관계 유형이 생겨난다. 그리고 이때 당신은 당신과 같은 별자리를 가진 사람과의 관계를 포함하여 모두 48개의 관계 유형을 가진다. 《내 별자리의 비밀언어》 시리즈는 1,176개의 관계 유형을 별자리별로 묶은 것이므로, 당신은 당신 별자리에 해당되는 책 한 권만 선택하면 된다. 그 안에 당신이 맺을 수 있는 모든 관계 유형에 대한 설명이 나와 있다.

뿐만 아니라 관계의 영역도 훨씬 세분화했다. 관계에는 꼭 사랑과 결혼만 있는 것이 아니다. 이 책에서는 관계를 다섯 가지의 삶의 영역과 연관지어 이야기한다. 사랑, 결혼, 우정, 가정, 일이 그것이다. 그리고 경우에 따라 좀더 구체적으로, 혹은 좀더 추상적으로 분류하기도 한다. 예를 들어 선생님과 제자, 적수 혹은 경쟁자, 육체적인 관계, 단순히 알고 지내는 사이, 동업자 같은 유형의 관계도 포함한다.

당신에게 가장 잘 맞는 짝
전통 점성학에서는 황도대에서 120°를 이루는 사람들끼리 가장 잘 맞는다고 생각해 왔다. 120°를 이루고 있다는 것은 그 별자리를 이루고 있는 원소가 같다는 걸 의미한다. 그러니까 물고기자리Ⅲ(물의 별자리)인 당신은 또 다른 물의 별자리인 게자리나 전갈자리와 잘 맞는다는 말이다.

이런 이론이 틀린 것은 아니지만 항상 맞는 것도 아니다. 전통 점성학에서 상극으로 보는 관계들, 예를 들어 바로 옆에 인접한 두 별자리나 완전히 대칭을 이루는 별자리와도 당신은 성격적으로 잘 맞을 수 있다. 그리고 이 책에서는 상황이 훨씬 복잡해진다. 왜냐하면 각각의 별자리가 네 개로 나뉠 뿐만 아니라, 관계 역시 다섯 개의 영역으로 구분되기 때문이다.

이 책을 읽다보면 당신은 자신이 어떤 타입의 사람들을 가장 좋아하는지 궁금해질 것이다. 가만히 당신 주변 사람들을 한번 관찰해 보라. 의외로 그들이 한두 개의 별자리에 집중되어 있을 것이다. 이것은 당신이 같은 유형의 성격과 관계에 반복해서 끌리고 있다는 말이 된다.

사랑, 결혼, 우정, 가족, 일
어떤 두 사람은 연인으로서는 황홀한 사랑을 키워가지만, 매일의 일상을 함께하게 되는 결혼 관계에서는 서로에게 상처만 주는 상대일 수 있다. 또 비즈니스에서는 서로에게 자극을 주는 훌륭한 라이벌이지만, 우정을 나누는 속깊은 친구로서는 맞지 않는 경우도 있다. 그러므로 관계를 이야기할 때는 영역에 따른 해석이 필요하다. 이 책에서는 사랑, 결혼, 우정, 가족, 일 등 크게 다섯 가지 영역으로 나누어 보았다.

사랑은 사실 모든 관계를 아우를 수 있는 개념이지만, 이 책에서는 남녀 사이의 　사랑
연애에 국한했다. 이 관계의 특징은 감정적으로 강렬하고 현실감각을 결여하고
있어 오래 지속되기 어렵다는 것이다. 섹스 또한 이 영역의 중요한 주제인데, 그
렇다고 에로틱한 사랑에 국한하지는 않았다. 실제로 많은 연인들이 육체적 결합
의 만족도에 크게 좌우되지 않고 자신들의 사랑을 키워나가기 때문이다.

일　대부분의 직장동료는 스스로 선택한 것이 아니다. 그러나 당신이 인사담당자라면 두 사람이
잘 지낼 수 있는지를 파악하기 위해 이 책으로 한번 점검해 보는 것도 좋을 것이다. 일이라는 영역
안에는 회사 동료, 고용-피고용 관계, 중역으로서의 동료, 사업 파트너, 고객 관계, 프리랜서 관계
등 다양한 종류가 있다.

　　　　　　결혼　결혼의 절반이 이혼으로 끝나는 이 시대, 결혼에 대한 여
러 가지 의문들에도 불구하고 아직까지 결혼은 인간사회
의 가장 강력한 제도로 남아 있다. 이 책은 두 사람이 결
혼생활에 잘 맞는지에 대해 아주 신중하게 서술하고 있
다. 결혼은 사랑과는 또 조금 다른 문제이기 때문이다.

　　　　가족　이 책에서 가장 자주 거론되는 가족 관계는 부모자식과 형제 관계이지만, 가
끔은 조부모나 좀더 먼 친척 관계들도 등장한다.

깊은 우정은 사랑과 결혼의 요소를 함께 가지고 있다. 서로에 대한 애정이 토대가 　우정
되어야 하면서도, 한편으로는 결혼생활과 마찬가지로 일상의 경험을 함께하기 때문
이다. 이 책에서는 아주 유익하다고 증명된 우정과 매혹적이긴 하지만 더 이상 발전
시키지 말아야 할 우정을 구분하는 데 역점을 두었다.

이 책의 여행지도 How to Use This Book

이 책은 3월 11~18일에 태어난 별자리가 물고기자리Ⅲ인 당신을 위한 책입니다

1 책의 구성

이 책은 크게 당신의 성격을 알아보는 부분 〈**별자리로 본 당신의 성격: 17~27쪽**〉과 당신이 맺을 수 있는 인간관계들을 분석한 부분 〈**48가지 인간관계 스펙트럼: 29~223쪽**〉으로 구성되어 있습니다.

2 48가지 인간관계

이 책은 순서대로 읽어도 되지만, 당신과의 관계가 궁금한 상대가 생길 때마다 그 사람의 생일을 알아내어 〈**관계 찾아보기: 14~15쪽**〉에서 해당되는 페이지를 찾아 읽어도 재미있습니다.

관계 찾아보기 Index of Relationships

상대방의 별자리	상대방의 양력 생일	우리 관계의 테마	
물고기-양자리 커스프	3월 19-24일	어두운 별	31
양자리 I	3월 25일-4월 2일	우여곡절	35
양자리 II	4월 3-10일	폭풍우 치는 날	39
양자리 III	4월 11-18일	속도의 차이	43
양-황소자리 커스프	4월 19-24일	화려한 도전	47
황소자리 I	4월 25일-5월 2일	가차 없는 공격	51
황소자리 II	5월 3-10일	두번째 어린 시절	55

이 ≪내 별자리의 비밀언어≫ 시리즈는 기존의 12가지 별자리를 48가지로 더욱 세분했기 때문에, 총 48권의 책으로 이뤄져 있습니다. 그러나 당신에게 필요한 건 그중 딱 한 권입니다. 당신이 태어난 날(양력 생일)에 해당하는 기간의 책 한 권만 선택하면 됩니다.

물고기자리 III 3월 11-18일　　4월 11-18일 양자리
Pisces II THE WEEK OF DANCERS&DREAMERS　　THE WEEK OF THE PIONEER Aries

임금님의 새 옷
The Emperor's New Clothes

3 관계 첫 페이지 구성

왼쪽 상단: 당신의 별자리
오른쪽 상단: 상대방의 별자리
제목: 두 사람 관계의 핵심 키워드

4 두 사람의 관계를 한눈에

왼쪽: 두 사람이 좋은 관계를 이루기 위해 주의해야 할 점
오른쪽: 두 사람 관계의 강점과 약점.
두 사람이 어떤 관계로 만
날 때 가장 좋고,
가장 힘들까?

기쁨은 물론 슬픔도 나눠라.
마음을 열고 이해하라.
농담이 칼이 되어서는 안 된다.

강점 · 유익하다, 재미있다, 날카로
약점 · 옹졸하다, 냉담하다, 빈정거
행복한 만남 · 결혼
힘겨운 만남 · 가족

웃음을 불러일으키는 것이라면 무엇이든 효과적이다.
서로를 잘 대접해 주기 때문에 대체적으로 관계에 만족
. 스승과 제자의 관계, 혹은 부모자식 관계에 비유할 수
때 어른 역할을 맡는 것은 주로 양자리III이다. 다행히도

이 당신에게는 불만으로 남는다.
두 사람의 사랑은 로맨틱하든 플라토닉하든, 육체적으
끌린다. 그래서 섹스에서 잘 맞으며 스포츠, 체력 단련, 하
램 등을 함께 해도 아주 좋다. 같은 팀이라면 훌륭한 팀원

차례
contents

005
이 책과 처음 만난 당신에게

010
이 책의 여행지도

017
별자리로 본 당신의 성격

029
48가지 인간관계 스펙트럼

225
부록:인생대운(人生大運)

관계 찾아보기 Index of Relationships

상대방의 별자리	상대방의 양력 생일	우리 관계의 테마	페이지
물고기-양자리 커스프	3월 19-24일	황홀한 경험	31
양자리 I	3월 25일-4월 2일	필연적 깨달음	35
양자리 II	4월 3-10일	꼭 필요한 존재가 될 필요	39
양자리 III	4월 11-18일	임금님의 새 옷	43
양-황소자리 커스프	4월 19-24일	돋보이고 싶다	47
황소자리 I	4월 25일-5월 2일	위신 세워주기	51
황소자리 II	5월 3-10일	행위예술	55
황소자리 III	5월 11-18일	생존 보장	59
황소-쌍둥이자리 커스프	5월 19-24일	사상의 공간	63
쌍둥이자리 I	5월 25일-6월 2일	성깔 드러내기	67
쌍둥이자리 II	6월 3-10일	천국과 지옥 사이	71
쌍둥이자리 III	6월 11-18일	놀라운 결과	75
쌍둥이-게자리 커스프	6월 19-24일	물러선 자세	79
게자리 I	6월 25일-7월 2일	인생 고속도로	83
게자리 II	7월 3-10일	즐거움의 유혹	87
게자리 III	7월 11-18일	타고난 중재자	91
게-사자자리 커스프	7월 19-25일	동의하지 않기로 한 동의	95
사자자리 I	7월 26일-8월 2일	진실의 공유	99
사자자리 II	8월 3-10일	넘어서기 위해	103
사자자리 III	8월 11-18일	눈빛만 봐도 알아	107
사자-처녀자리 커스프	8월 19-25일	공통점 찾아내기	111
처녀자리 I	8월 26일-9월 2일	개념의 연마	115
처녀자리 II	9월 3-10일	기적 같은 놀라운 일들	119
처녀자리 III	9월 11-18일	과대망상증	123

상대방의 양력 생일을 알면 별자리를 알 수 있습니다. 그 다음 아래 표를 찾아보면 됩니다.

상대방의 별자리	상대방의 양력 생일	우리 관계의 테마	페이지
처녀-천칭자리 커스프	9월 19-24일	화려한 꿈의 세계	127
천칭자리 I	9월 25일-10월 2일	기적의 힘	131
천칭자리 II	10월 3-10일	시간의 회랑	135
천칭자리 III	10월 11-18일	질문에 답하다	139
천칭-전갈자리 커스프	10월 19-25일	옳은 길은 아니더라도	143
전갈자리 I	10월 26일-11월 2일	여러 차례의 변화	147
전갈자리 II	11월 3-11일	설득의 힘	151
전갈자리 III	11월 12-18일	감정 논쟁	155
전갈-사수자리 커스프	11월 19-24일	지구에서의 삶	159
사수자리 I	11월 25일-12월 2일	꿈은 이루어진다	163
사수자리 II	12월 3-10일	터무니없는 교만	167
사수자리 III	12월 11-18일	두뇌훈련소	171
사수-염소자리 커스프	12월 19-25일	눈에 보이는 미래	175
염소자리 I	12월 26일-1월 2일	매력 발산	179
염소자리 II	1월 3-9일	환상적인 팀워크	183
염소자리 III	1월 10-16일	좋게만 해석하기	187
염소-물병자리 커스프	1월 17-22일	둘만의 정보	191
물병자리 I	1월 23-30일	이론의 영역	195
물병자리 II	1월 31일-2월 7일	자신감을 주다	199
물병자리 III	2월 8-15일	기질의 차이가 보약	203
물병-물고기자리 커스프	2월 16-22일	내면을 향한 발걸음	207
물고기자리 I	2월 23일-3월 2일	후퇴	211
물고기자리 II	3월 3-10일	그냥 재미삼아	215
물고기자리 III	3월 11-18일	생각과 행동의 일치	219

별자리로 본 당신의 성격
The Week of Dancers and Dreamers

춤과 몽상의 주간에
태어난 당신은 이런 사람입니다

3월 11~18일에 태어난 당신은 물고기자리 Ⅲ 입니다. 물고기자리 Ⅲ 의 주제는 '춤과 몽상' 입니다. 여기에서는 먼저 춤과 몽상의 주간에 태어난 물고기자리 Ⅲ 당신의 기본 기질과 성격을 알아봅니다. 그리고 당신과 같은 별자리를 가진 유명인들로는 어떤 이들이 있는지 살펴봅니다.

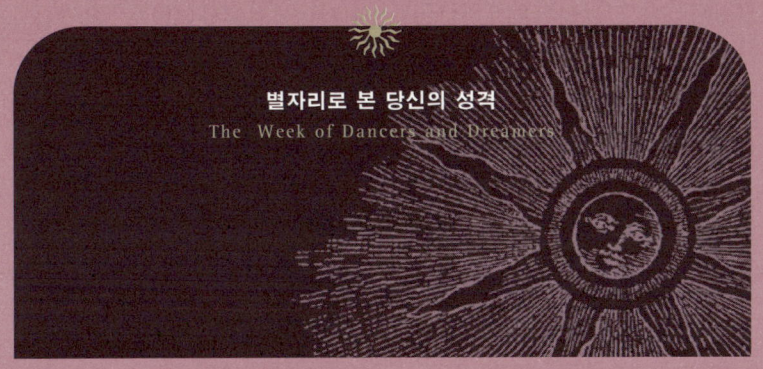

천궁도 위치 ✹ 물고기자리 19°~ 28°

수호성 ✹ 해왕성

물고기자리Ⅲ의 중심 이미지는 '댄서와 몽상가'이다. 인간의 생명 주기로 보면 인생을 마감하는, 이제 지구에서의 삶에 종말을 고하는 시기에 비유된다. 거대한 바퀴는 결국 하나의 원으로 완성된다. 지금 막 지구를 떠나는 그는 이 세상의 아름다움을 어느 때보다 깊이 느끼는 한편 피안의 세계에 강하게 이끌린다. 고통스럽기는 하지만 여러 가지 감정들이 잇달아 밀려든다. 관대함부터 기대감, 즐거운 흥분까지 지금까지 알고 있던 것을 넘어서는 경험을 겪으며, 거기에 대해 어렴풋이 인식하게 된다. 결국 현재와 과거를 육체에 남겨둔 채 정신 혼자서 꿈의 세계로 진입하며 영혼은 계속해서 춤을 춘다.

물고기자리Ⅲ의 나날은 내세(來世)로의 존재 이전(移轉)을 시작하는 한 인간을 상징한다. 직관력과 영감을 계발하고, 피할 수 없는 운명에 맞서며, 영적으로 깨달음을 얻고, 부활을 기다리며 이생을 마감한다.

원래 철학적인 물고기자리Ⅲ 당신은 복잡한 인간의 사상과 우주의 경이를 명상하면서 시간을 보낸다. 당신의 정신은

사람들이 쉽게 접근하지 못했던 신비의 영역을 자유롭게 배회한다. 얼마 지나지 않아 인생의 의미가 궁금해지기 시작할 것이다. 때로 당신은 일생 동안 하나의 답을 찾기 위해 노력한다. 그리고 당신의 직업이나 생활방식도 바로 이러한 의문에서 출발할 것이다.

당신은 몽상가이지만, 한편으로는 아주 실제적이며 전문기술이나 과학지식 또한 뛰어나다. 당신에겐 무슨 일이든 곧바로 개입하여 그 문제를 해결하는 데 일조하는 것이 가장 중요한 일로 받아들여진다. 당신은 다른 사람의 삶에 영향력을 행사하고 싶은 욕구가 강하며, 실제로도 그렇게 한다. 그래서 때로는 너무 깊이 개입하는 바람에 물러서야 할 때를 놓치기도 한다. 또 주위 사람들은 당신의 관심을 간섭으로 받아들여 당신의 의도를 오해하고는 분노하기도

강점 STRENGTHS

철학적이다
도움을 준다
기적을 일궈낸다

한다.

 사람들은 당신을 비현실적이라고 몰아붙인다. 때문에 당신은 많은 시간을 자신이 옳다는 걸 증명하는 데 할애해야 할 것이다. 믿을 수 없는 것을 믿게 만들고, 불가능한 것을 가능하게 만드는 것이 바로 당신의 힘이다. 한편 당신은 아주 현실적이고 실용적이어서, 심지어 평범하게 보이기까지 한다. 그러나 당신이 이뤄내는 것들은 거의 기적에 가깝다. 기적을 믿지 않지만, 실제로는 기적을 만들어내고 경험하게 된다.

 '춤과 몽상의 주간'에 태어난 사람들에겐 과학적으로 설명할 수 없는 현상들이 나타난다. 어린 시절에는 천리안이나 텔레파시 같은 능력을 보여주기도 한다. 그런데 만약 주위 사람들이 당신의 초능력을 경시하거나, 비웃거나, 억누르려 한다면 당신은 위험을 느

약점 ✺ WEAKNESSES

무력하다
덧없어 한다
의지하게 만든다

낄 것이다. 그리고 오랜 기간 동안 자신의 능력을 부인하고 감출 것이다.

당신은 너무 말이 청산유수로 보이지 않도록 조심해야 한다. 말하기 적당한 때가 언제인지를 배워야 한다는 뜻이다. 비록 당신의 얘기가 진실이고 사고 수준이 아무리 높다 해도 뭐든 다 안다는 식의 태도는 반감을 불러일으킬 뿐이다. 오히려 겸손하게 실수를 인정할 때 신뢰를 얻을 수 있다. 이것은 당신이 꼭 배워야 할 교훈이다. 왜냐하면 당신의 말이 기대한 효과를 거두지 못했을 때 영문도 모르고 좌절에 빠질 수 있기 때문이다.

춤과 몽상

또 당신은 스스로를 선생님이라 여기는데, 사실은 적임자가 아니다. 그리하여 따르는 학생, 제자, 추종자가 없다는 데 적이 실망한 당신은 상당히 불행해 할지도 모른다.

주위 사람들은 당신이 이상하고 특이하다는 걸 금방 알아챈다. 그건 좋은 점일 수도 나쁜 점일 수도 있는데, 만나는 사람에 따라 달라진다. 어떤 물고기자리Ⅲ은 자기중심적이며, 또 어떤 물고기자리Ⅲ은 무기력한 분위기를 풍긴다. 하지만 두 타입 모두 자신이

직장에 있든 집에 있든, 어디에 있든지 간에 그곳이 바로 가장 안전한 장소라는 사실을 깨닫고 만족스러워 하는 편이다.

그런데 당신의 인생은 심하다 싶을 정도로 운명에 지배된다. 대체로 28세에서 42세 사이의 어느 시점에서 커다란 도전에 직면하는데, 그것이 바로 운명의 부름이다. 원하지도 않았던 운명의 초대에 응할 것인지, 응하지 않을 것인지, 이 결정이 당신의 남은 생애를 결정하게 된다. 당신이 만약 높이 올라가고자 한다면 평균 이상

의 성공 가능성을 보장할 수 있다. 아무리 힘들어 보이는 일도 당신은 성공으로 이끌어낼 것이다.

편안한 걸 좋아하는 당신은 어떻게 하면 사람들의 인생을 즐겁게 만들 수 있는가를 잘 안다. 예를 들어 집을 꾸미는 데 있어서도 취향이 고상하고 상상력이 풍부하다. 또 방랑벽이 있고 인생무상을 곧잘 느껴 자주 이사를 하는데, 그때마다 기껏 잘 꾸며놓은 집을 포기해야 한다. 반대로, 한 집에 계속 머무르는 경우라면 집을

개조하고 꾸미는 데 몰두할 것이다. 같이 사는 사람들의 불편함은 전혀 개의치 않고 말이다.

당신 자신은 아주 독립적인 사람이지만, 정작 남들에게는 의존을 조장하는 경향이 있다. 당신은 중요한 존재로 인정받고 싶어한다. 누구엔가 필요한 사람이 되려고 하는 욕구는 당신의 가장 취약한 부분이기도 하다. 따라서 만약 아이나 부모, 동료, 연인이 당신에게서 독립을 선언한다면 안절부절못할 것이다. 그렇듯 당신에게

가족은 없어서는 안될 존재이다. 피가 섞인 가족이 가장 좋지만, 그게 허락되지 않는다면 함께 살 수 있는 가족 같은 사람들이라도 있어야 한다. 그리고 가족에 대해서는 많은 책임들을 기꺼이 떠맡는다.

당신은 다른 사람들이 원하는 것을 민감하게 알아챈다. 감정이입을 잘하며, 귀기울여 들어주고, 상대방의 관점을 잘 이해해 준다. 당신은 세상이 많은 주관적인 관점들로 이루어져 있으며, 각각의 관점은 나름대로 모두 진실임을 알고 있다. 하지만 이렇게 다양한 견해의 밑바닥에는 시간과 공간을 초월한 절대적인 진실이 존재한다고 생각한다. 이렇다 보니 당신의 철학에는 주관성과 객관성, 상대성과 절대성, 믿음과 회의가 흥미롭게 혼재되어 있다.

ADVICE

개인의 발전을 위해 좀더 자신을 채찍질하라.
그리고 자신을 둘러싼 삶에 활발하게 뛰어들라.
강력한 기반을 세우는 걸 무시하는 경향이 있으니
조심해야 한다.

사랑을 할 때 당신은 불안정하고 비현실적이어서 잘못된 파트너를 선택하게 되기 쉽다. 하지만 그럼에도 불구하고 당신 자신은 긍정적이고 자상한 사랑을 베풂으로써 성실하고 헌신적인 배우자가 될 수 있다.

당신이 극복할 수 있는 것에는 분명 한계가 있다.
좀더 쉬운 길을 가라.
필요하다면 기꺼이 타협하라.

물고기자리 III 유명인 Pisces III Notables

넷 킹 콜
Nat King Cole

알라바마 주 몽고메리에서 태어난 넷 킹 콜은 침례교 목사의 막내아들이었다. 어렸을 때부터 이미 교회에서 솔로로 활동할 만큼 재능이 뛰어났다. 세 형이 음악활동을 시작하자 그 역시 그 뒤를 따랐다. 1939년에는 자신의 재즈 트리오를 결성한다. 그리고 몇 년 지나지 않아 재즈 피아니스트로서 유명해진다. 하지만 대개의 물고기자리III이 그렇듯 콜은 꿈을 좇고 있었으며, 그 꿈이란 최고의 팝가수가 되는 것이었다. 그는 가수로 변신한 뒤 놀라운 성공을 거둬 무려 5천만 장의 레코드를 팔아치웠다. 그의 달콤한 목소리와 편안한 노래는 음악팬들을 사로잡았다. 말년에는 자신의 이름으로 TV쇼를 진행했으며, 죽기 바로 직전 영화 〈캣 벌루Cat Ballou〉에 출연하기도 했다.

라이자 미넬리
Liza Minnelli

배우이자 댄서, 가수인 라이자 미넬리는 두 살 때 〈즐거운 여름In the Good Old Summertime〉이라는 영화로 데뷔했다. 어머니 쥬디 갈런드가 출연한 영화였다. 물고기자리인 아버지 빈센트 미넬리는 브로드웨이 뮤지컬과 할리우드 영화의 감독이었다.

그러니 댄서이자 몽상가인 미넬리가 브로드웨이와 할리우드의 스타가 되고 영화 〈카바레Cabaret〉로 아카데미상을 받은 것은 어찌 보면 당연한 일이다. 대개의 물고기자리III이 그러하듯 미넬리 역시 인간관계의 실패로 인해 많은 절망을 경험했다.

제리 루이스, 니진스키, 퀸시 존스, 루돌프 누레예프,
베르나르도 베르톨루치, 빌리 크리스탈, 니콜라이 림스키-코르사코프

알버트 아인슈타인

Albert Einstein

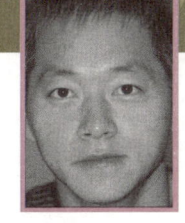

김남일

20세기 최고의 지성인 알버트 아인슈타인. 그가 말을 더듬었고, 학교성적이 형편없었으며, 대학 입학시험에 실패한 후 겨우겨우 스위스 특허청에 일자리를 얻었다는 것은 믿기지 않는 일이다. 그러나 다행히도 여유시간이 많았기에 취리히 대학에서 박사학위를 땄으며, 그뒤 놀라운 이론으로 물리학 연구에 혁명을 가져왔다.

몽상할 시간을 필요로 하고, 결코 서두르는 법이 없다는 건 그가 전형적인 물고기자리Ⅲ임을 보여준다. 1915년에 그는 '일반상대성이론'을 책으로 펴냈고, 곧바로 유명해졌다. 두번째 도전은 수많은 물리학적 현상을 하나의 이론에 통합시키는 것이었는데, 성공하지는 못했다.

김남일은 2002년 월드컵이 낳은 최고의 스타 중 한 명이다. '진공청소기'라는 별명을 달고 다니며 여성팬들의 인기를 한몸에 모았는데, 그의 솔직하고 자유분방한 성격 때문이었다. 흔히 댄서와 몽상가의 주간에 태어난 사람들이 그렇듯 김남일 역시 방랑벽이 있고 고민도 자주 하는 스타일이다. 그래서 사춘기 때는 진로를 놓고 방황을 하기도 했다. 하지만 물고기자리Ⅲ은 주위에서 기대하지 않았던 큰 기적을 이뤄낸다. 그가 월드컵에서 놀라운 기량으로 4강신화를 함께 이뤄냈듯이 말이다. 김남일은 월드컵 이후 아버지와 큰 형에게 중형차를 선물하면서 가족에 대한 무한한 애정을 나타냈다. 원래 물고기자리Ⅲ에게 가족은 없어서는 안 되는 존재이다.

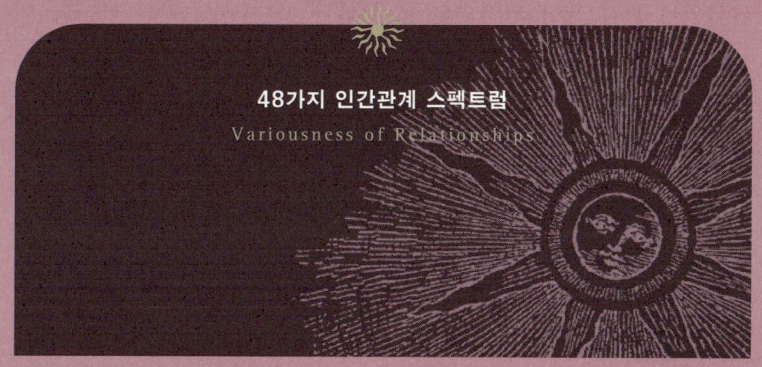

48가지 인간관계 스펙트럼
Variousness of Relationships

당신이 맺을 수 있는 48가지 관계 유형, 그리고 최고의 만남

여기에서는 물고기자리 III 당신이 맺을 수 있는 총 48가지의 인간관계 유형이 펼쳐집니다. 그리고 당신을 위한 〈최고의 만남〉을 실었습니다. 당신과 결혼하기에 가장 좋은 별자리, 같이 일하기에 좋은 별자리…… 등이 한눈에 쏙쏙 들어옵니다. 당신이 타인과 맺을 수 있는 여러 빛깔의 관계를 읽어나가다 보면, 사람들 속에서 빛나는 당신의 존재가 더욱 확실한 모습으로 다가오게 될 것입니다.

✱
각각의 인간관계에 대한 저자의 서술은
은유적 표현이 많아 우리의 상상력을 고무시키고,
또 그 안에는 우리 인생에 대한 깊은 통찰이 있어
인간관계로 괴로워하는 우리를 더욱 지혜롭게 해줍니다.
그러나 인간관계에서 '절대적'이란 것은 없습니다. 가장 중요한 건 우리의 의지겠지요.
'힘겨운 만남' 항목이 '사랑'인 두 사람도 노력하기에 따라 서로에게 훌륭한 연인이 될 수 있습니다.
두 사람의 관계를 설명하는 내용이 때론 모순되게 보일 경우에도,
그걸 곱씹어보면 우리 인간관계의 묘한 이면이 숨겨져 있음을 알게 됩니다.

물고기자리 III **3월 11-18일** **3월 19-24일** 물고기-양자리
Pisces II THE WEEK OF DANCERS&DREAMERS　　THE CUSP OF REBIRTH Pisces-Aries Cusp

황홀한 경험

Fantastic Experiences

두 사람은 라이프스타일은 물론, 바깥으로 보여지는 스타일 자체에 무척 신경을 쓴다. 둘은 책을 통해 배우는 것보다는 직접 몸으로 경험하는 것을 좋아한다. 남의 경험을 읽기보다는 직접 경험하는 삶을 선호하는 것이다. 그러나 둘의 만남은 이런 성향을 지나치게 몰아간다. 두 사람은 혈족과 같은 깊은 연결고리를 느끼면서 마침내

advice

조언 한마디 | 세상은 보이는 게 다가 아니다.
심리적인 이해를 소중히 여겨라.
피상적이 되지 않도록 경계하라.
자기발전을 소홀히 하지 말라.

둘의 만남이 서로에게 최고의 기회를 제공할 수 있다는 것을 깨닫게 된다. 친구나 연인으로 만났을 때 그 기회는 더욱 커지는데, 대체로 내면의 심리적 탐험보다는 함께 여러 활동에 참여하는 것을 통해 최고의 결실을 맺는다.

두 사람의 관계에는 짜릿한 로맨스와 섹스의 가능성이 풍부하다. 둘은 감정적으로 동요되면 매우 열정적이고 따뜻해져서 관능적인 자유분방함이 결실을 맺게 된다. 그러나 둘의 관계가 삐걱거리게 되면 당신에게는 큰 시련이 된다. 당신은 일반적으로 이 관계에서 순종적인 역할을 맡게 되므로 그만큼 상대방에게 많이 의존하기 때문이다. 반면 물고기-양자리는 아무런 경고조차 하지 않고 그대로 쉽

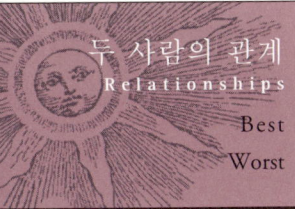

두 사람의 관계
Relationships
Best
Worst

강점 · **경험을 중시한다, 성취욕, 격정적이다**
약점 · **피상적이다, 따분하다, 이해 못한다**
행복한 만남 · **사랑**
힘겨운 만남 · **결혼**

게 이 관계로부터 빠져 나간다.

두 사람의 결혼은 실수로 끝나기 쉽다. 특히 격렬한 사랑의 감정으로 시작된 결혼은 더욱 위험하다. 열정이 식어버리면 물고기-양자리는 불안해 한다. 그에겐 당신의 자기만족이 지겹고 따분하게 느껴진다. 자고로 꿈속에서 빠져 나오기란 쉬운 일이 아니다. 그러나 자신만의 개인생활과 활발한 인생 여정을 계속하기 위해서는 반드시 필요한 일이다. 하지만 상대의 이런 움직임에 당신은 당황하고 혼란해 하다가 심각한 우울증에 빠져버릴 수도 있다는 데 유의해야 한다.

동업 관계, 직장동료, 공동 관심사나 취미를 나누는 관계 등에서는 대체적으로 무리가 없는 두 사람이다. 그러나 관계가 피상적으로 흐를 수 있다는 점, 그리고 서로 체면에 지나치게 신경 쓴다는 점 등이 걸림돌이 된다.

조지 벤슨 (1943년 3월 22일)
George Benson

퀸시 존스 (1933년 3월 14일)
Quincy Jones

팝뮤직계의 걸출한 편곡자이자 프로듀서인 퀸시 존스는 마이클 잭슨, 레이 찰스, 루이 암스트롱, 애러사 프랭클린, 시나트라 등과 함께 작업했다. 그래미 수상자인 조지 벤슨은 재즈 기타리스트이자 보컬로도 유명하다. 이들이 협력하여 만든 첫 작품 〈Give Me the Night〉(1980)는 그 해 그래미상 5개 부문을 수상했다.

물고기자리 III **3월11-18일** **3월25일-4월2일** 양자리 I
Pisces II THE WEEK OF DANCERS&DREAMERS　　THE WEEK OF THE CHILD Aries I

필연적 깨달음

Inevitable Awakenings

두 사람의 관계에서는 잠자코 있던 비밀이 갑작스럽게, 때로는 충격적인 모습으로 드러난다. 무시하고 버려둔 문제들이 부글부글 발효되다가 마침내 폭발하고 마는 것이다. 이것은 드라마틱한 깨달음의 섬광일 수도 있고, 천천히 드러난 진실일 수도 있다. 하지만 두 사람은 위기를 자각하지 못한다. 따라서 두 사람이 외부의 사건으로

advice

조언 한마디

개인적인 문제에 좀더 적극적으로 대처하라.
모든 일이 잘되고 있다고 추측하지 말라.
형평과 균형을 얻기 위해 노력하라.

풍파를 겪게 되는 것은 드문 일이 아니다. 역경은 관계를 성장시키지만 동시에 위험에 빠뜨리기도 한다. 깨달음을 얻기 위한 여러 시도는 이러한 충격의 파도를 조금은 가라앉힐 수 있을 것이다.

두 사람의 사랑은 관계의 모순을 깨닫기 전까지 꽤 오랫동안 지속된다. 독립에 대한 양자리 I의 갈망은 꺼지지 않는다. 때문에 그는 에너지를 속박하는 당신의 필요와 요구로 세월이 흐르면서 눈에 띄게 지쳐버린다. 반면 좀처럼 현실적인 파트너를 선택하지 않는 당신은 자신이 얼마나 양자리 I에게 의존하고 있는지를 잘 알지 못한다. 그리하여 마침내 그가 자신의 주장을 펼칠 때, 당신은 상대방에게 '필요한 존재가 되고 싶다는 필요'를 느끼며 심리적 위기를 겪게 될

두 사람의 관계 Relationships	
강점	**흥미롭다, 화려하다, 로맨틱하다**
약점	**도피한다, 악화시킨다, 맹목적이다**
Best 행복한 만남	**가벼운 교제**
Worst 힘겨운 만남	**결혼**

것이다. 물론 이미 이런 상황을 수없이 경험해 본 그는 절대로 과거의 행동방식으로 돌아가려 하지 않을 것이다. 그러므로 결혼은 특히 피하는 것이 좋다.

우정은 가능하다. 하지만 깊은 감정을 나눌 정도로 마음을 열 필요는 없다. 그보다는 모임에 참여하거나 모험, 수집, 연기, 연주 등의 취미생활을 함께하며 가볍게 교제하는 것이 좋다. 두 사람에게는 모두 화려한 면이 있어서 취미를 일치시키는 데에는 무리가 없지만, 이것도 친구나 가족의 관심을 놓고 경쟁하지 않아야만 가능한 일이다.

가족 안에서는 형제간의 갈등, 혹은 부녀간, 모자간의 갈등이 재미있기도 하지만 결과적으로 가족의 안정을 약하게 만든다. 가족,

일, 사고, 사랑 등의 관계에서 늘 리더 역할을 맡으려는 당신은 양자리I을 학생처럼 취급하며 자신의 철학적 견해를 설교하려는 경향이 있다. 이는 그가 참아내기에 상당히 어려운 것이다. 그는 명령을 받거나 아이 취급 받는 것에 아주 예민하다. 그러므로 그가 반기를 드는 것은 단지 시간 문제일 뿐이다.

패티 보이드 (1945년 3월 17일)
Pattie Boyd

에릭 클랩턴 (1945년 3월 30일)
Eric Clapton

패티 보이드는 비틀즈의 멤버 조지 해리슨의 아내였지만, 수년 동안 에릭 클랩턴의 사랑의 대상이었다. 그녀는 1971년 클랩턴의 구슬픈 히트곡 〈라일라Layla〉의 영감이 되었다. 이 곡은 1993년 재녹음되어 또다시 히트했다. 해리슨과 보이드는 1977년 이혼했고, 클랩턴과 보이드는 79년에 결혼했다. 그리고 두 사람은 다시 1989년 이혼했다.

물고기자리 III **3월 11-18일** **4월 3-10일** 양자리 II
Pisces II THE WEEK OF DANCERS&DREAMERS　　　　THE WEEK OF THE STAR Aries II

꼭 필요한 존재가 될 필요

Needing to be Needed

두 사람은 서로의 요구를 충족시키고, 보살피고, 도와주고, 이해하는 데 몰두한다. 두 사람 다 '필요한 존재가 될 필요'를 가지고 있는데, 그 표현방식은 조금 다르다. 결국 이 관계의 성패는 두 사람이 얼마나 깊숙이까지 요구할 수 있으며, 상대방의 요구를 얼마나 잘 채워줄 수 있는지에 달려 있다.

advice

조언 한마디 | 차라리 혼자 있고 싶은가?
자신이 가진 것에 감사할 줄 알아야 한다.
공감대를 형성하라.
필요보다는 욕망이 더 중요할 때도 있다.

양자리Ⅱ는 다른 사람의 일을 대신해 주는 걸 좋아한다. 그렇게 함으로써 자신이 꼭 필요한 존재라고 느끼는 것이다. 그는 당신이 얼마나 비현실적이고 비실용적이며 야망이 없는지를 지적함으로써 자신의 필요성을 강조하는 경향이 있는데, 이것은 사실이 아니다. 예민한 당신은 이로 인해 상처만 받는다. 당신은 물론 양자리Ⅱ의 능력과 결단력을 높이 평가하지만 인정받지 못했다는 불쾌감이 계속 남아 있게 된다.

한편 당신의 '필요한 존재가 될 필요'는 감정적인 의존을 요구하는데, 양자리Ⅱ로서는 이것을 수용하기 어렵다. 두 사람은 사랑을 표현하는 방법이 서로 다르다는 걸 깨달아야 하며, 필요한 것이 모

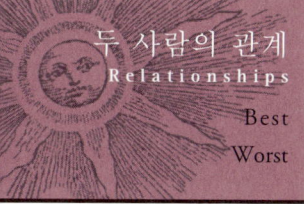

두 사람의 관계
Relationships

Best
Worst

강점 · **돕는다, 이해한다, 성공적이다**
약점 · **엄격하다, 이해력이 낮다, 곤궁하다**
행복한 만남 · **사회적 협력 관계**
힘겨운 만남 · **사랑**

두 충족될 수 없음을 인정해야 한다. 두 사람이 현명하다면, 방법에서 차이가 있는 것일 뿐 목적은 같다는 걸 깨닫게 될 것이다.

친구나 동료일 때, 생각보다는 행동을 우선시하는 양자리Ⅱ는 철학자연하는 당신을 좋게 보지 않는다. 그러므로 공동의 취미나 목표가 없다면 친해지기가 힘들 것이다. 당신은 인간존재의 실체와 근원을 탐구하면서 인류라는 넓은 무대 위를 거닐고 있다. 양자리Ⅱ는 그런 철학적 문제보다는 지금, 여기가 더 중요하다. 당신은 스스로를 과소평가하고 목표를 낮게 설정함으로써 그를 실망시킨다. 양자리Ⅱ 부모가 학교 성적이 낮은 자녀인 당신을 모질게 대하는 것도 이런 실망감 때문이다. 자녀에게 모자라는 것은 지능이 아니라 자신감이라고 생각하기 때문이다.

  두 사람이 함께 사업을 하거나 사회단체나 회사의 같은 부서에서 일할 때는 아주 성공적이다. 이때 당신은 계획을 세우고 아이디어를 짜내며, 양자리Ⅱ는 그 계획을 실행한다.

필 레시 (1940년 3월 15일)
Phil Lesh

빌 크로이츠먼 (1946년 4월 7일)
Bill Kreuzmann

드럼 연주자 빌 크로이츠먼과 베이스주자 필 레시는 전설적인 밴드 '그레이트풀 데드Grateful Dead'의 창단 멤버였다. 이들은 1960년대 이래 함께 연주해 왔으며, 히피의 가치와 스타일을 열렬히 지켰던 '데드헤드(원래는 무임승차한 사람을 일컫는 말이지만, '그레이트풀 데드'의 가치관을 따르는 일단의 팬들을 지칭하게 되었다)' 군단을 거느렸다.

물고기자리 III 3월 11-18일 4월 11-18일 양자리 III
Pisces II THE WEEK OF DANCERS&DREAMERS　　THE WEEK OF THE PIONEER Aries III

임금님의 새 옷

The Emperor's New Clothes

　두 사람 다 상대방을 깊이 이해한다는 게 뭔지 잘 모른다. 대신 둘의 관계는 순진하고 어린아이 같은 심성을 지니고 있다. 그런 만큼 감정적으로나 육체적으로 성숙하지 못했기 때문에 두 사람의 결혼이나 연애는 오래 지속되기 힘들다. 그런데 가끔 대단한 통찰력으로 다른 사람의 심리에 대해 객관이고 명확한 판단을 내리기도 한다.

advice

조언 한마디 | 어린아이 같은 열린 마음을 간직하되, 감정의 깊이를 더하라. 좀더 성숙한 관계를 발전시켜라. 남과 자신을 비교하는 태도는 좋지 않다. 공유하고 받아들여라.

마치 《벌거벗은 임금님》이라는 동화책에 나오는 아이처럼 말이다. 두 사람은 언제나 정직하지만 이해력이나 공감하는 능력은 조금 부족하다.

양자리Ⅲ은 가르침을 통해 많은 추종자들을 만들어내는데, 이 점에 대해 당신은 질투심을 느낀다. 당신이야말로 바로 그런 식의 영향력을 행사하고 싶어하는데, 그게 여의치 않기 때문이다. 어쨌든 두 사람은 서로 상대방의 재능과 능력을 부러워하면서 견고한 우정을 쌓아나간다. 그러나 내면의 깊숙한 감정까지는 나누지 못하며, 때문에 그에 대해 좌절을 느끼기도 한다.

두 사람 다 원대한 이상을 가지고 있지만 그 종류는 조금 다르다.

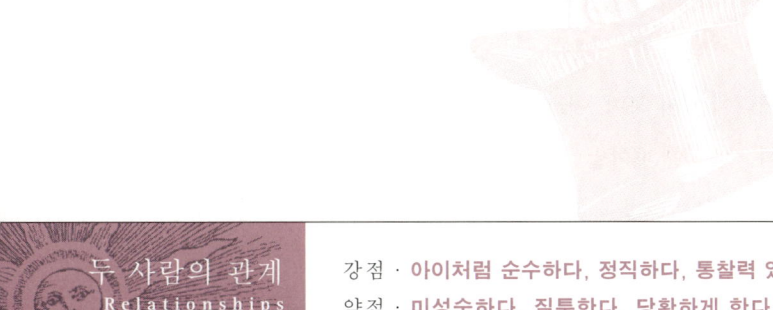

강점 · **아이처럼 순수하다, 정직하다, 통찰력 있다**
약점 · **미성숙하다, 질투한다, 당황하게 한다**
행복한 만남 · **일**
힘겨운 만남 · **사랑**

양자리Ⅲ은 주위 사람들과 사회에 관심을 가지는 데 비해, 당신의 관심은 철학적이고 우주적인 것이다. 두 사람이 형제일 때 양자리Ⅲ은 당신을 우주, 환상, 뉴 에이지 등에 빠져 있는 비현실적인 몽상가로 본다. 또 당신이 주기적으로 무기력증과 자기연민에 빠져 목표도 세우지 못하는 것을 보고 당신을 약간 무시하기도 한다. 반면 당신은 그를 보면서 내적 성숙에는 아무 도움도 되지 않는 너절한 인간관계와 이상만 헛되이 좇고 있다고 생각한다.

일을 할 때 당신의 숙련된 기술과 추진력은 양자리Ⅲ 동료에게 큰 도움이 된다. 그는 아이디어만 많지 그것을 실천에 옮길 능력은 부족하기 때문이다. 당신은 금전감각에 있어서도 그보다 앞선다. 돈을 어디에 써야 하며, 어느 부분에서 낭비되고 있는지를 정확히 감지한다. 일을 할 때야말로, 둘 관계의 트레이드마크인 '정직'이 가장 빛을 발한다.

폴 웨이너 (1903년 4월 16일)
Paul Waner

로이드 웨이너 (1906년 3월 16일)
Lloyd Waner

웨이너 형제는 둘 다 야구선수로 나란히 명예의 전당에 올랐다. 이들은 피츠버그 파이어리츠 팀에서 함께 외야수로 뛰었다(폴은 1926년부터 1940년까지, 로이드는 1927년부터 1940년까지). 형인 폴은 '빅 포이즌Big Poison'으로, 동생 로이드는 '리틀 포이즌Little Poison'으로 불렸는데, 1944년에는 함께 LA다저스에서 활약하기도 했다.

물고기자리 III 3월 11-18일 4월 19-24일 양-황소자리
Pisces II THE WEEK OF DANCERS&DREAMERS   THE CUSP OF POWER Aries-Taurus Cusp

돋보이고 싶다

Outshining Each Other

두 사람은 누가 스타가 되느냐를 두고 싸운다. 두 사람은 만남과 동시에 서로 잘난 척을 하게 된다. 또 친구와 가족들로부터 주목받고 싶은 욕구도 커진다. 두 사람은 공공연히 논쟁을 벌이고 뭐든지 더 잘 안다고 주장한다.

이런 태도는 당연히 두 사람이 친구가 되는 데 큰 걸림돌이 된다.

a d v i c e

조언 한마디

극복하겠다는 굳은 의지가 필요하다.
조건 없이 사랑하라. 차이를 인정하라.
생각을 하나로 모으기 위해 노력하라.

하지만 일상생활에서든 스포츠 경기장에서든, 건강한 경쟁 관계라면 친해지는 것이 전혀 불가능한 것은 아니다. 상대로부터의 자극을 통해 최선을 다할 힘을 얻게 되기 때문이다.

당신과 양-황소자리의 사랑은 육체적인 면에서 아주 강렬하다. 두 사람은 서로에게 모든 것을 준다. 그런데 문제는 여기에도 권력 다툼이 있다는 것이다. 서로 상대방을 지배하려고 드는 문제가 발생하는 것이다. 둘 다 문제가 있지만, 특히 양-황소자리가 이기심을 다스리고 조건 없는 사랑의 힘이 더 위대하다는 것을 깨달아야 한다. 당신과 부모자식 관계로 만나든 형제 관계로 만나든 그는 이 점을 명심해야 할 것이다.

두 사람의 관계 Relationships

Best
Worst

강점 · **건강하다, 고무시킨다, 성공적이다**
약점 · **자기중심적이다, 잘난 척한다, 세력 다툼**
행복한 만남 · **직장동료**
힘겨운 만남 · **결혼**

　결혼에서는 당신의 이상주의와 철학적 초연함이 양-황소자리를 거의 미칠 지경으로 몰고간다. 그에겐 '지금 여기'의 문제가 중요하고, 그런 면에서 상대방으로부터 배려받고 싶어한다. 그러나 당신은 보다 먼 비현실적 관념에 관심이 가 있고 마음의 방황을 오히려 즐기는 타입의 사람이다. 이렇게 되면 아무리 인내심이 많은 양-황소자리라 해도, 당신의 이런 성격을 견디기 힘들어질 것이다.

　그런데 의외로 직장동료로서는 무리가 없다. 당신의 기술적인 능력과 그의 추진력이 잘 조화를 이뤄 큰 일을 해낼 수 있다. 경쟁심리만 다스릴 수 있다면 함께 엄청난 성공을 이룰 수도 있을 것이다. 그러나 동업 관계는 대체로 성공하기 힘들다. 생각이나 전략, 실행

등에 있어서 서로 일치하는 견해를 보이는 경우가 거의 없기 때문이다.

바바라 펠던 (1941년 3월 12일)
Barbara Feldon

돈 애덤스 (1926년 4월 19일)
Don Adams

바바라 펠던과 돈 애덤스는 TV시리즈 〈똑똑해져라Get Smart〉에서 5년 동안 호흡을 맞췄다. 애덤스는 서투른 비밀요원 역을 맡았고, 펠던은 아는 것 많은 똑똑한 동료 역이었다.

물고기자리 III **3월 11-18일** **4월 25일-5월 2일** 황소자리 I
Pisces II THE WEEK OF DANCERS&DREAMERS THE WEEK OF MANIFESTATION Taurus I

위신 세워주기

A Steady Diet of Kudos

두 사람은 누가 스타가 되느냐를 두고 접전을 벌이는 관계다. 결과야 어찌됐든, 카리스마가 넘치는 이 커플은 어떤 집단 안에서도 상당히 화려하게 행동하며, 어디를 가든 사람들의 관심이 따라다닌다. 그러므로 두 사람은 사람들에게 무엇을 보여주고 보여주지 않을지에 대해 신경을 써야 할 것이다.

advice

조언 한마디 | 경쟁을 멈춰라. 자기계발에 힘써라.
주변 사람을 무시하지 말라.
존경을 받는 것이 항상 효율적인 것은 아니다.
자아의 욕구에서 벗어난다면 훨씬 자유로워질 것이다.

그러나 공공연한 갈등이 발생하기 쉬우므로, 이것을 제어할 필요가 있다. 어떤 면에서는 만남을 통해 각자 최악의 면이 드러나게 되어 사람들에 대한 이해와 연민 등은 조롱 속에 내팽개쳐진다.

당신은 확실히 스포트라이트에 쉽게 이끌린다. 이때 홀로 이탈된 황소자리I은 이 상황을 오래 견디지 못할 것이다. 그 결과 서로 추한 경쟁심에 이끌릴 수 있으며, 그것을 제대로 통제하지 못할 경우엔 온갖 종류의 갈등이 일어나게 된다. 아마도 이 관계를 푸는 열쇠는 서로의 재능을 높게 평가하고 상대방의 자아를 격려하기 위해 정기적으로 위신을 세워주는 일이 될 것이다. 주변 사람들의 감정을 고려하는 것도 중요하다. 관계 자체가 사람들의 관심을 모으고 하나

두 사람의 관계 Relationships	
강점 · **감탄한다, 나눈다, 매료된다**	
약점 · **경쟁한다, 투사한다, 무시당한다**	
Best — 행복한 만남 · **사랑**	
Worst — 힘겨운 만남 · **가족**	

    의 단일체로 존경을 받을 때면, 또 다른 해결법이 나오기도 한다. 그리고 그것으로써 둘의 프라이드가 모두 만족될 수 있다.

    결혼과 사랑에서는 서로 치우침이 없이 똑같이 사랑하는 것이 중요한 문제가 된다. 황소자리I의 현실적인 능력과 당신의 상상력은 서로에게 감탄의 대상이 된다. 두 사람에게 가장 혹독한 형벌은 무시와 소홀이다. 그런데 안타깝게도 둘은 서로 다투게 되면 상대방을 무시하는 것을 가장 손쉬운 무기로 사용한다. 그러나 무시하지 않더라도 거침없는 거부와 배신이야말로 이 관계를 끝장내는 가장 확실한 길이 된다는 걸 유념해야 할 것이다.

    일과 우정에서는 상호 신뢰와 감탄의 분위기가 조성된다. 그러나 상대에 대한 관심에 너무나 만족한 나머지, 자기계발을 게을리하거나 친구나 다른 동료들과의 교류를 등한시하게 될 위험이 있다. 부모자식 관계에서는, 부모는 스타가 되고 싶었던 자신의 좌절된 꿈과 소망을 자녀를 통해 보상받으려는 욕망을 강하게 내보인다.

비앙카 재거 (1945년 5월 2일)
Bianca Jagger

마이클 케인 (1933년 3월 14일)
Michael Caine

롤링 스톤스의 리더 믹 재거와의 결혼 후, 비앙카는 영국 배우 마이클 케인과 염문을 뿌렸다. 번잡한 라이프스타일을 즐기던 케인은 미인대회 출신의 이 미녀와 결혼한 후 정착했다.

물고기자리 III 3월11-18일 5월3-10일 황소자리 II
Pisces II THE WEEK OF DANCERS&DREAMERS   THE WEEK OF THE TEACHER Taurus II

행위예술

Performance Arts

두 사람의 만남은 서로의 외향성을 자극한다. 실제로 함께 행위예술에 매료되어 직접 참여하거나 적극적인 관객이 되기도 한다. 음악·춤·연극·디자인 등에 대한 관심이 융합되어 미를 추구하는 두 사람의 성향은 주변 환경에 직접적으로 영향을 미치고 무대 공연, 예술 감독 등과 같은 보다 넓은 범위로 확대될 수 있다.

a d v i c e

| 조언 한마디 | 명상하는 자질을 계발하라.
내면을 갈고 닦아라.
사교활동에 너무 몰입하지 말라.
단둘이 조용히 함께할 수 있는 시간을 따로 마련하라. |

사랑과 결혼은 친밀감과 고요함, 깊은 사고 등의 내성적인 자질과 외향성 사이에서 균형을 잡아야 가능하다. 열정적인 황소자리Ⅱ는 얌전한 당신에게 가끔은 위협적으로 다가올 수 있다. 하지만 이러한 열정이 생활의 규칙이 될 수 있다면, 당신도 이를 충분히 소화해 낼 수 있을 것이다. 그러나 황소자리Ⅱ가 타협하지 않는 완고함을 보이면서 당신에게 있어서 가장 중요한 정서적 공감과 로맨스를 피한다면, 관계는 갈라지게 된다. 독립적인 그는 상대방에게 필요한 존재가 되고 싶어하는 당신의 마음을 만족시켜 주기 힘들다. 혹은 그럴 마음이 아예 없다.

가족 안에서, 두 사람은 가족 구성원 모두에게 행위예술에 대한

두 사람의 관계
Relationships

Best
Worst

강점 · **외향적이다, 예술적이다, 격려한다**
약점 · **소란스럽다, 너무 바쁘다, 냉담하다**
행복한 만남 · **가족**
힘겨운 만남 · **결혼**

이해와 관심을 장려하는 역할을 해낸다. 결국 둘의 영향으로 가족 전체가 문화적으로 깨인 사람들이 될 것이다. 둘의 우정은 친구들 사이에서 막강한 영향력을 행사하여, 클럽이나 콘서트에 대한 관심과 즐거움을 공유하도록 유도한다.

직장에서 만나게 된다면, 두 사람은 자신뿐만 아니라 모든 동료들과 직원들이 행복하길 바란다. 일을 통한 사교에서 즐거움을 얻길 원한다. 그리고 이것은 두 사람에게 상당히 중요한 문제로 다가간다. 이러한 정서적 보상이 없다면 일 자체가 둘에게 아무런 의미도 없기 때문이다. 동업자나 공동 경영자라면, 두 사람은 선물이나 보너스로 직원들에게 고마움을 표시할 줄 하는 경영자가 될 것이다.

물론 업무 스피드와 생산력을 높이는 더욱 강력한 원동력은 선물보다 회사의 선의와 직원의 행복임도 두 사람은 잘 알고 있다.

니콜러스 블룸베르겐 (1920년 3월 11일)
Nicolaas Bloembergen

아서 L. 숄로 (1921년 5월 5일)
Arthur L. Schawlow

아서 L. 숄로와 니콜러스 블룸베르겐은 카이 M. 시그반과 함께 훌륭한 팀을 이루었다. 이들은 1981년 노벨 물리학상을 공동 수상했다. 숄로의 연구 분야는 레이저 망원경이었고, 레이저의 초기 개발에 관여했던 블룸베르겐은 분광기 기술을 한층 발전시켰다.

물고기자리 III 3월 11-18일 5월 11-18일 황소자리 III
Pisces II THE WEEK OF DANCERS&DREAMERS   THE WEEK OF THE NATURAL Taurus III

생존 보장

Guaranteed Survival

이 관계는 가능한 먼 곳을 보려고 한다. 두 사람은 사교 모임, 가족, 학생 단체 등의 선두에 서서 아무도 가지 않은 길을 두려움 없이 간다. 과거의 상처나 성공 따위에는 집착하지 않으며, 지난 일은 흘려보내고 미래만을 중요하게 생각한다. 이러한 긍정적인 사고 덕분에 두 사람은 멀리 나아갈 수 있다.

advice

조언 한마디 | 자신이 다른 사람을 위험에 빠뜨릴 수 있음을 명심하라. 마음의 문을 열고 정직해져라.
관심을 바라는 사람에게 관심을 기울여라.
불필요한 위험을 감수하지 말라. 조금만 돌이켜봐라.

하지만 오늘을 기억하는 것은 절대로 나쁜 생각이 아니다. 두 사람은 여름휴가를 위해 별장을 빌리거나 이국적인 섬으로의 여행을 준비하는 일에 누구보다 먼저 움직인다. 또한 집수리를 위해 무리하게 빚을 지는 일도 마다하지 않는다. 그런데 중요한 것은 돈 갚는 일을 종종 까먹는다는 점이다.

두 사람이 부부이면서 같은 직장, 혹은 같은 분야에서 함께 일한다면 상당한 성공을 거둘 수 있다. 물론 같이 일하지 않는다 해도 늘 지원하고 아낌없이 조언해 주는 것을 잊지 않는다. 황소자리Ⅲ은 진솔한 경험에서 우러나오는 당신의 조언에 열심히 귀 기울인다. 또 당신은 타인과 무리 없이 의사소통하면서 신용을 얻어내는 그의 사

두 사람의 관계
Relationships
Best
Worst

강점 · **진취적이다, 도전적이다, 격려한다**
약점 · **은밀하다, 진실하지 않다, 정신 못 차린다**
행복한 만남 · **결혼**
힘겨운 만남 · **사랑**

교술에 감탄한다. 그리고 아이들은 두 사람의 특별한 기쁨이 된다. 하지만 늘 바쁘게 생활하기 때문에 아이들을 돌보기 위한 시간을 적절히 마련하려는 노력이 뒷받침되어야 할 것이다.

두 사람은 은밀한 사랑을 나눈다. 적어도 둘 중 한 명은 이미 애인이나 배우자를 두고 있는 상황일 가능성이 높다. 그래서 비밀이 강요된다. 두 사람 모두 자신의 삶을 숨기는 데 매우 뛰어나기 때문에, 사람들은 수년이 지나서야 이 사실을 알게 될 것이다. 혹은 끝까지 알지 못할 수도 있다.

친구 사이라면 개척정신이 강하게 나타난다. 여행과 모험, 특히 다른 사람들은 두려움에 벌벌 떨 위험한 경험이 두 사람 사이에서는 당연한 도전으로 받아들여진다. 하지만 안전규칙을 준수하는 데 매우 신중하기 때문에 별다른 사고는 없다. 또 다른 탐험을 위해 자신의 생존을 스스로 지켜나가는 것이다.

형제 관계는 특히 남매일 때 결속력이 매우 강하다. 물론 직선적인 표현으로 말다툼이 벌어지기도 하지만, 이 남매 관계야말로 가족 중에서 가장 친밀하다고 할 수 있다. 두 사람의 친밀감은 가족 전체를 평화롭게 한다.

루돌프 누레예프 (1938년 3월 17일)
Rudolf Nureyev

마고 폰테인 (1919년 5월 18일)
Margot Fonteyn

1962년 마고 폰테인은 다른 무용가들이 이미 은퇴했을 나이인 43세에 루돌프 누레예프와 〈지젤Giselle〉에서 호흡을 맞췄다. 그녀는 완벽한 연기로 프리마 발레리나의 자리를 지켰다. 두 사람의 파트너십은 1963년 프레데릭 애쉬톤의 〈마르게리트와 아르망Marguerite and Armand〉을 통해 더욱 확고해졌다.

물고기자리 III **3월 11-18일** **5월 19-24일** 황소-쌍둥이자리
Pisces II THE WEEK OF DANCERS&DREAMERS THE CUSP OF ENERGY Taurus-Gemini Cusp

사상의 공간

The Realm of Ideas

 이 관계의 전문 영역은 '사상'이다. 두 사람은 서로에게 공감하지만 사실 감정은 그다지 중요하지 않다. 그보다는 철학적인 토론을 하거나 좀더 단순하게는 일상의 사회학에 대해 대화를 나누는 데 몰두한다. 두 사람에게는 매일 규칙적으로 산책하고, 카페에 앉아 그 주에 할일을 의논하는 행위가 중요한 의미를 갖는다.

advice

| 조언 한마디 | 호감을 버리지 않되, 비판적인 시각도 유지하라. 인생을 멍하니 흘려보내지 마라, 혹은 술로 낭비하지 마라. 자만하지 않도록 조심하라. 활기 찬 토론을 계속하라. |

이 관계의 중심 테마는 둘 사이에 긴장을 유지하고, 부조화 속의 조화를 찾아내며, 모호함을 그대로 받아들이는 것이다. 물론 이것은 만만한 과제가 아니다. 하지만 두 사람은 대화하고 또 대화할 수 있으며, 그러는 가운데 하나하나 이뤄나가게 된다.

친구나 부부일 때 두 사람은 사교생활에 몰두한다. 서로의 친구를 집으로 초대해 고상하고 독창적인 방식으로 접대한다. 식사메뉴를 선택하고 준비하는 데 정성과 시간을 쏟으며, 음식이나 와인에 대해 유쾌하면서도 진지한 대화를 나눈다. 이것은 두 사람에게 가장 중요한 사회활동이다. 생일이나 휴일에 가족이 함께 모여 즐기는 것도 상당한 즐거움을 안겨준다. 좀더 철학적인 토론은 밤늦은 때로 미뤄

강점 ·	**공감한다, 사교적이다, 이데올로기적이다**
약점 ·	**자만한다, 자기 잘못을 모른다, 가식적이다**
행복한 만남 ·	**우정**
힘겨운 만남 ·	**사랑**

지는데, 이 시간이 되면 두 사람만 오붓하게 마주앉아 한 가지 주제에 대해 온전하게 토론할 수 있게 된다.

둘 사이의 사랑은 좀 희한하다. 원래 두 사람은 자신과 완전히 다른 사람, 심지어 전혀 모르는 낯선 사람에게 마음을 빼앗기곤 한다. 그러나 두 사람이 서로에게 감정이입을 하게 되면, 흥미롭지만 불안정한 그런 식의 사랑에 대해서는 관심을 잃게 된다. 가족 관계 중에는 형제 관계, 그것도 남매간일 경우가 가장 좋은데, 이때는 서로 텔레파시 같은 것이 작동하는 듯 보인다.

함께 일을 한다면 아주 중요한 역할을 하는 팀이 될 것이다. 둘은 독학을 했거나 정식 학교교육이 아닌 경험에서 많은 것을 터득한 사람이기 쉽다. '역경의 학교' 졸업생이라고나 할까. 하지만 그렇기 때문에 오히려 굉장히 다양한 영역에서 전문가가 된다. 둘의 관계는 자신감에 넘치는데, 거기에는 다 근거가 있다. 황소-쌍둥이자리는 기술력이 뛰어나고, 당신은 실용적이면서 창의력이 뛰어나다. 둘은 서로 잘 협력하는데, 특히 극적이고 모험 가득한 프로젝트일 때 그렇다. 그러나 자기 잘못을 깨닫지 못하는 뻔뻔스러운 면도 있으므로 조심해야 한다.

제임스 매디슨 (1751년 3월 16일)
James Madison

돌리 매디슨 (1768년 5월 20일)
Dolley Madison

정치가였던 제임스 매디슨이 17년 연하의 여성 돌리에게 구애한 것은 세간을 떠들썩하게 한 사건이었다. 결국 두 사람은 1794년에 결혼했다. 그는 후에 미국의 4대 대통령이 되었는데 청교도적이며 엄격한 생활을 했다. 그와는 대조적으로 영부인 돌리는 화려한 프랑스풍을 동경했다.

물고기자리 III **3월 11-18일** **5월25일-6월2일** 쌍둥이자리 I
Pisces II THE WEEK OF DANCERS&DREAMERS　　THE WEEK OF FREEDOM Gemini I

성깔 드러내기

Displays of Temperament

두 사람이 하나의 목표를 정했다면, 이제 장애물은 아무것도 없다. 전략적으로 사고하는 능력과 그것을 실천할 수 있는 적당한 시기를 계획하고 기다리는 능력이 있기 때문이다. 물론 두 사람이 하나의 목표를 정했다는 전제 아래 하는 얘기다. 그런데 정작 문제는 다른 데 있다. 두 사람은 각자 따로 놓고 보면 이 정도의 능력이 없

advice

조언 한마디

의견 차이에 입을 다물어라.
논쟁을 대화로 바꿔라.
타협하고 양보하는 법도 배워라.
뭐든 다 안다는 식의 태도를 버려라.

음은 물론이고, 어찌 보면 비현실적인 사람들이라는 점이다. 따라서 두 사람의 가장 큰 숙제는 일상생활을 잘 헤쳐나가는 것이다.

둘 사이에는 짜증과 불만이 자주 생겨난다. 따라서 만약 주도권 다툼이라도 벌어진다면 관계는 완전히 망가지고 말 것이다. 두 사람 다 박식하므로 논쟁은 불가피하다. 원래 뭐든 다 안다는 식의 태도가 이 관계의 특징이다. 사실 그렇게 해봐야 주변의 친구들과 가족들에게는 반감만 불러일으킬 뿐이다. 설교를 늘어놓으면 뭐하겠는가. 오히려 사람들과 사이만 나빠지게 될 뿐인데.

둘 사이의 사랑은 권하고 싶지 않다. 둘은 끊임없이 입씨름을 하며 자기 자랑에 여념이 없다. 감정은 숨김없이 솔직하게 표현하는

두 사람의 관계
Relationships
Best
Worst

강점 · **정력적이다, 설득력 있다, 유능하다**
약점 · **화를 돋운다, 논쟁한다, 다 안다는 식의 태도**
행복한 만남 · **우정**
힘겨운 만남 · **사랑**

편인데, 그 감정이란 것이 대부분 부정적인 것들이다. 이렇게 치고받고 싸우는 두 사람을 보면서 주위 사람들은 가끔 고개를 갸웃거린다. 어쩌면 두 사람이 자신의 이익을 위해 일부러 싸움을 연출하는 것일지도 모르며, 사실은 자기들의 성미를 은근히 과시하며 즐기고 있는 게 아닌가 하는 생각이 들기 때문이다. 사실 두 사람은 서로를, 그리고 주위 사람들을 화나게 만들고 싶다는 심술궂은 생각을 갖고 있다. 따라서 두 사람이 온유함의 가치를 배우기 전까지는, 이런 식으로 격렬하게나마 갈등을 해소하는 것이 기대할 수 있는 최선이다.

부부나 친구로서 두 사람은 논쟁만 벌이지 않는다면 아주 잘 맞는 한 쌍이며, 관심사나 취미도 비슷하다. 특히 아이가 있다면 격렬한 대립은 피하는 것이 좋다. 그런 식의 갈등은 아이를 신경질적으로 만들며, 노이로제에 시달리게 하고, 모방심리까지 자극한다.

만약 함께 일을 한다면 불안정한 면은 있지만 대단한 능력을 발휘할 것이다. 두 사람 다 날카로운 사업 감각과 인간본성에 대한 이해가 뛰어나기 때문이다. 함께 사업체를 운영하거나 같은 업무 팀에서 일한다면 공동의 목표에 에너지를 집중하게 될 것이고, 자연히 개인적 갈등의 소지는 많이 줄어들 것이다. 부모자식 관계는 풍파가 많지만 애정도 넘쳐난다. 특히 부녀간이나 모자간일 때 그렇다. 둘이 남매라면 아주 친밀하며 서로를 잘 이해한다.

제임스 아니스 (1923년 5월 26일)
James Arness

피터 그레이브스 (1926년 3월 18일)
Peter Graves

형제인 두 사람은 영화배우로 출발하여, 나중에는 둘 다 TV 시리즈물로 스타가 되었다. 제임스 아니스는 〈건스모크Gunsmoke〉(1955~75)에서 상냥한 남자 마샬 딜런으로 출연했고, 피터 그레이브스는 〈제5열〉에서 주연인 팀장 역을 맡아 유명해졌다.

물고기자리 III **3월 11-18일** **6월 3-10일** 쌍둥이자리 II
Pisces II THE WEEK OF DANCERS&DREAMERS   THE WEEK OF NEW LANGUAGE Gemini II

천국과 지옥 사이

From Ecstasy to Catastrophe

두 사람의 관계는 깊고 강렬하며, 너무나 많은 것을 시험하려 한다. 그만큼 두 사람도 역동적이 될 수밖에 없다. 때로 둘은 자신들의 관계에 화를 내기도 한다. 너무 많은 시간과 에너지가 들기 때문이다. 그러나 막상 관계를 떠난다면, 정말 살아 있다는 기분 같은 건 느끼기 힘들 것이다.

a d v i c e

| 조언 한마디 | 강렬함을 잃지 말되 화려한 수사는 자제하라. 사랑은 깨지기 쉬우므로 잘 보호해야 한다. 서로에게 존경심과 배려를 보여줘라. |

두 사람에게 최악의 느낌이란 아무것도 느끼지 못하는 것이다. 그러므로 고통을 느낄지언정 적어도 지겹지는 않은 이 관계가 소중할 수밖에 없다. 이제 다른 것들은 모두 성에 차지 않는다. 이 관계와 비교해 보았을 때 거의 죽은 것이나 다름없다고 느껴진다. 두 사람은 함께 핑핑 도는 경험을 한다. 어떤 것은 즐겁고 어떤 것은 꽤 힘들다. 사람들이 보기에 이 커플은 대단한 행운아이거나, 저주를 받았거나, 아니면 그 둘 다다.

사랑에서는 천국과 지옥 사이를 넘나든다. 기쁨과 슬픔, 행복과 절망, 의기양양함과 의기소침함이 번갈아 찾아오며 두 사람을 흔들어놓는다. 두 사람은 이런 감정의 폭풍이 어디서 와서 어디로 향하

두 사람의 관계
Relationships
Best
Worst

강점 · **강렬하다, 역동적이다, 의기양양하다**
약점 · **논쟁한다, 지나치게 감정적이다, 고통스럽다**
행복한 만남 · **사랑**
힘겨운 만남 · **일**

고 있는 건지도 잘 모른다. 그러니 그냥 맞서 싸울 수밖에 없다. 그러나 두 사람은 서로에게 감정이입을 하므로 상대방의 감정언어를 정확하게 읽을 수 있다. 의사소통 수단이라고는 말밖에 모르는 쌍둥이자리 II에게, 당신이 보여주는 사랑의 언어는 잊을 수 없는 경험이 된다.

결혼을 하거나 함께 사업을 하는 건 좋지 않다. 갈등이 잦으며, 상대방의 감정에 간섭함으로써 서로의 관계를 망가뜨리기 쉽다. 회사가 잘 굴러가다가도 어느 순간 갑자기 멈춰버릴 것이다. 형제나 부모자식 관계도 욱 하는 성질 때문에 많이 삐걱거린다. 그럴 때 일련의 문제들을 남들에게까지 공개하는 건 좋지 않다. 문을 닫아걸고

집안에서 해결하는 게 최선이다.

친구 관계는 말다툼과 논쟁을 가급적 자제하면서 의사소통의 통로만 열어둔다면 순탄할 것이다. 당신은 가끔 철학적인 주제를 가지고 종교와 같은 신념으로 설교를 늘어놓는 경향이 있다. 그에 비해 쌍둥이자리Ⅱ는 이성적인 사람으로 사실만을 믿을 뿐이며, 신념을 갖는 것 자체를 쓸데없는 짓이라고 여긴다. 둘의 관계가 오래 지속되기 위해서는 먼저 서로의 의견 차이를 정중하게 인정하고, 둘이 같이 공감할 수 있는 행위와 주제에 집중해야 할 것이다.

라이자 미넬리 (1946년 3월 12일)
Liza Minnelli

주디 갈런드 (1922년 6월 10일)
Judy Garland

라이자 미넬리는 어렸을 때부터 엔터테이너로 길러졌다. 두 살 때 어머니 주디 갈런드의 영화에 출연했고, 좀더 커서는 어머니의 공연에도 따라다녔다. 1960년대가 되면서 라이자는 춤과 노래를 통해 스스로 앞길을 개척하기 시작했다. 두 사람은 모녀이자 가장 소중한 친구였다. 어머니 주디는 1969년 약물과용으로 사망하게 된다.

물고기자리 III **3월 11-18일** **6월 11-18일** 쌍둥이자리 III
Pisces II THE WEEK OF DANCERS&DREAMERS THE WEEK OF THE SEEKER Gemini III

놀라운 결과

A Surprising Result

이 관계의 영향력은 놀라울 정도다. 원래 두 사람은 몽상가이자 탐구자이지만, 함께 있을 때에는 갑자기 제작자가 된다. 아주 실제적이며 그 성과도 뛰어나 두 사람도 스스로의 능력에 놀랄 지경이다. 그야말로 조화와 협력이 얼마나 위대한 힘을 갖고 있는지를 몸소 보여주는 커플이라고 할 수 있다.

advice

조언 한마디 | 자신의 판단력을 과신하지 마라.
사랑의 삼각관계로 인한 고통을 최대한 피하라.
과시하려는 경향을 경계하라.
경쟁심은 긍정적인 역할을 하기도 한다.

게다가 두 사람은 창의력과 뛰어난 영감을 가지고 있어서 실행해야 할 것, 제작할 것, 주장할 것, 생산할 것, 팔아야 할 것 등에 대한 독창적인 아이디어를 끊임없이 내놓는다. 이러한 풍부함 속에도 한 가지 약점이 있긴 하다. 각자는 꽤 융통성이 있는 편인데, 함께 있으면 갑자기 고래심줄처럼 질긴 고집을 갖게 된다는 점이다.

둘은 결혼을 하거나 함께 일을 하면 특히 좋다. 두 사람은 가정이나 직장을 안정시켜 주는 힘으로 작용한다. 모험심 강한 쌍둥이자리 III과 환상에 빠져 살던 당신은 가정이나 직장에서 맡은 프로젝트 덕분에 현실감을 되찾는다. 두 사람은 이 프로젝트를 위해 현실감각, 대담성, 독창성을 최후의 한 방울까지 다 짜낸다.

강점 · **과감하다, 영리하다, 실제적이다**
약점 · **논쟁한다, 상처를 입는다, 파괴적이다**
행복한 만남 · **결혼**
힘겨운 만남 · **우정**

    두 사람은 황도대에서 90°로 직각을 이루는데, 이런 경우 전통 점성학에서는 마찰과 갈등이 많으리라고 예상한다. 그러나 두 사람의 경우에는 경쟁과 다툼이 그리 많지 않으며, 있다 하더라도 그것이 오히려 유용한 방향으로 쓰인다. 특히 두 사람이 동료로서 확실한 목표를 이루려고 노력할 때 더욱 그렇다.

    두 사람이 친구일 때는 삼각관계를 조심해야 한다. 둘이 동시에 한 사람의 사랑을 얻기 위해 싸우고 경쟁하게 될 가능성이 높다. 그런데 이때의 삼각관계는 강렬할 뿐만 아니라 서로에 대한 애정까지 서려 있다. 물론 길게 봤을 때는 고통스러우며 파괴적이다. 특히 사랑을 얻지 못한 쪽에게 더욱 그렇다. 연애를 할 때도 제3자, 특히 친구가 끼어들 가능성이 많은데, 이 경우에는 큰 문제가 없다. 두 사람이 서로를 배려하고 객관성을 유지하기 위해 노력한다면 몇 년이고 좋은 관계가 지속될 수 있다.

가족 관계, 특히 부모자식 관계에서 두 사람은 늘 소란스럽고 떠들썩한 논쟁을 벌여 나머지 가족들은 그저 입을 벌린 채 쳐다보고 있을 뿐이다. 하지만 그 못지않게 가족의 안녕을 위해 실질적인 역할을 하기도 한다.

딘 마틴 (1917년 6월 17일)
Dean Martin

제리 루이스 (1926년 3월 16일)
Jerry Lewis

1946년 딘 마틴과 제리 루이스가 만났을 때 이들은 이미 성공한 배우였다. 하지만 둘이 함께 팀을 이루고 난 후에 더욱 큰 성공을 거두었다. 미국에서 가장 인기 있는 코미디 듀오가 된 것이다. 하지만 겉보기와 달리 둘은 끊임없는 불화에 시달리다 결국 1956년 헤어지고 만다.

물고기자리 III 3월 11-18일 6월 19-24일 쌍둥이-게자리
Pisces II THE WEEK OF DANCERS&DREAMERS   THE CUSP OF MAGIC Gemini-Cancer Cusp

물러선 자세

A Withdrawn Stance

이 관계는 둘만의 힘과 통찰력을 기르기 위해 주기적으로 세상으로부터 한 발 물러선다. 서로를 세상으로부터 보호하기 위해 어떤 침입도 용납하지 않는 높고 견고한 벽을 쌓아올린다. 둘의 은둔생활은 상당히 오랜 기간 지속되기도 할 것이다. 때로 오랜 고립과 은둔, 심한 경우 반사회적인 행동을 하게 될 위험까지 있다. 따라서 두 사

advice

조언 한마디 | 객관성을 지켜라.
상식을 사용하라. 중독 성향을 경계하라.
깊은 관계를 쌓아가되
세상으로부터 단절되지 말라.

람이 극복해야 할 가장 큰 과제는 둘만의 친밀감에 대한 걷잡을 수 없는 욕구로 인해 안으로만 침잠되는 문제에 대처하는 것이다.

두 사람에겐 세상으로부터 멀어지려는 성향이 있다. 자녀가 있는 부부라면, 혹은 가족으로서 함께 시골의 외딴 집에 살고 있다면 사회생활의 끈을 놓치지 않기 위해 의식적으로 열심히 노력해야 할 것이다. 물론 고립은 상상력과 환상을 자극한다. 그리고 이것은 두 사람에게 가장 잘 계발된 심리적 능력이지만 해로운 요소도 함께 품고 있다는 사실을 잊어서는 안 된다.

사랑을 할 때 두 사람은 사생활과 친밀감에 더욱 집요하게 빠져든다. 또 섹스는 너무나도 충만할 것이다. 하지만 분노와 질투와 같은

강점 · **개인적이다, 깊이 있다, 성적 매력이 있다**	
약점 · **소외됐다, 물러선다, 자아도취**	
행복한 만남 · **사랑**	
힘겨운 만남 · **결혼**	

여러 감정을 휘저어댈 수도 있다. 둘은 서로에게 충실하지만 소유욕, 섹스, 사랑 등에 중독되기 쉽다. 특히 마약과 알코올에 의존하게 된다면 이 관계는 나락으로 빠지고 말 것이다.

친구는 직장동료로 발전할 수 있으며, 직장동료가 친구로도 발전할 수 있다. 두 사람은 둘만의 여가시간을 각별하게 여긴다. 따라서 두 사람의 배우자나 다른 가족들은 함께 많은 시간을 보내고자 하는 둘의 욕구를 이해해 주어야 할 것이다. 이해해 주지 않는다면 질투로 인한 갈등이 가정은 물론 둘의 관계조차 힘들게 하고 말 것이다.

부모자식 관계는, 특히 부녀지간과 모자지간일 때 서로가 서로에게 너무 집착해 다른 가족들을 멀리 쫓아버릴 수 있다. 이러한 배타적인 관계는 가족 구조에 치명적인 상처를 줄 수 있으므로 조심해야 한다.

브라이언 윌슨 (1942년 6월 20일)
Brian Wilson

마이크 러브 (1941년 3월 15일)
Mike Love

비치보이스의 오리지널 멤버인 두 사람은 사촌지간임에도 불구하고 늘 삐걱거렸다. 1977년 이들은 공개적으로 크게 다퉜다. 1993년에는 마이크 러브가 브라이언 윌슨을 자서전을 통한 명예훼손으로 고소했다. 소송은 협상으로 마무리되었다. 1995년, 이번에는 저작권 문제로 러브가 윌슨을 또다시 고소했다. 그는 재판을 통해 3백만 달러의 보상금을 받아냈다.

물고기자리 III **3월 11-18일** **6월 25일-7월 2일** 게자리 I
Pisces II THE WEEK OF DANCERS&DREAMERS　　　THE WEEK OF THE EMPATH Cancer I

인생 고속도로

The Highway of Life

　두 사람은 서로의 관계로부터 많은 교훈을 배울 수 있다. 실제로 배움과 가르침이 두 사람 만남의 매우 중요한 주제다. 둘의 개인적인 성장뿐만 아니라 한 쌍의 연인, 친구, 가족, 동료로서의 잠재력까지도 일깨워주기 때문이다.

　두 사람은 항상 아이디어와 구상에 몰두한다. 서로 나누어야 할

advice

조언 한마디 | 서로 충분한 독립공간을 허락하라.
결과를 그대로 받아들여라.
요구수준을 조금 낮춰라. 인내심을 가져라.
질투와 경쟁을 조심하라.

메시지가 있다고 믿는다. 둘은 정식 수업의 학생으로서, 혹은 인생이란 고속도로를 함께 달리는 파트너로서 여러 도전적인 일에 참여한다. 둘의 관계가 얻기 위해 애쓰는 것은 경험을 통한 지식의 습득이다. 이것을 실행하는 데에는 여러 가지 방법이 있겠지만, 두 사람 사이에서는 나이 차이가 전혀 장벽이 아니기 때문에 스승과 제자의 관계가 특히 조화롭다고 할 수 있다.

사랑에서는 로맨스도 쾌락도 둘 관계의 전부가 될 수 없다. 사랑 자체가 배움의 체험임을 느낄 수 없다면, 두 사람은 금방 흥미를 잃어버릴 것이다. 따라서 둘의 관계가 보람 있기 위해서는 먼저 도전에 임해야 하며, 장애물을 극복해야 하고, 만족할 만한 발전을 이루

두 사람의 관계
Relationships

Best
Worst

강점 · **교육적이다, 성숙해 간다, 진화한다**
약점 · **설교한다, 억압한다, 조급하다**
행복한 만남 · **결혼**
힘겨운 만남 · **가족**

었는지 눈에 보이게 증명해야 한다. 어느 정도의 고통과 시련, 역경 등은 절대로 실패를 의미하지 않는다. 오히려 성장을 위한 도전이라고 생각한다. 이처럼 두 사람의 긍정적인 자세는 결혼생활에도 큰 도움을 줄 것이다.

가족 안에서는 조부모와 손자 관계가 부모자식 관계일 때보다 훨씬 유익하다. 형제 및 친구 관계에서는 주로 학교에 대한 반항심으로 의기투합하는 사이다. 사람들과의 사교 역시 학교교육만큼이나 중요하다. 배움의 중요한 부분으로 인식되기 때문이다. 하지만 공동의 친구를 두고 질투를 한다거나 서열 경쟁을 벌이는 일 등은 애초부터 조심해야 할 것이다. 합치된 공동전선을 쌓되 폐쇄적인 우애를 피하는 것이 중요하다.

두 사람은 친구로서, 그리고 가족으로서 같은 회사에서 일하거나 함께 사업을 벌일 확률이 높다. 이때 자아실현과 자기 발전의 길을 따르기 위해, 필요하다면 서로 헤어지는 결단도 내릴 수 있어야 한다.

제임스 테일러 (1948년 3월 12일)
James Taylor

칼리 사이먼 (1945년 6월 25일)
Carly Simon

가수이자 작곡가인 칼리 사이먼과 제임스 테일러 부부는 1972년 결혼했다. 이들은 함께 여러 장의 앨범을 히트시켰다. 그중에서도 1974년 발표한 '핫케익Hotcakes' 앨범 안의 듀엣곡 〈모킹버드Mockingbird〉가 가장 기억에 남는다. '핫케익'은 1백만 장 이상 팔렸다. 두 아이를 낳았지만, 둘의 관계는 1981년부터 점차 벌어지기 시작하여 1983년 이혼에 이르렀다.

물고기자리 III 3월 11-18일 7월 3-10일 게자리 II
Pisces II THE WEEK OF DANCERS&DREAMERS   THE WEEK OF THE UNCONVENTIONAL Cancer II

즐거움의 유혹

Succumbing to Pleasure

두 사람의 관계는 고삐 풀린 망아지처럼 즐거움만 추구할 위험이 있다. 게다가 그것도 거의 중독 수준이어서 상대방에게든, 함께하는 활동에서든 충분히 만족하는 일이 없다. 이때 가장 큰 문제는 둘의 관계가 너무 깊이 진행된 상태에서는 거기로부터 빠져나오는 일도 몹시 힘들다는 것이다.

a d v i c e

| 조언 한마디 | 진실에 눈을 감지 마라.
자기기만을 조심하라.
타인의 견해에 귀를 기울여라. 의존성을 부추기지 마라.
객관성을 유지하라. |

한 인간, 어떤 활동, 어떤 물질에 대한 이런 식의 집착은 처음엔 단순히 습관이나 강박 정도로 보이지만, 지나고 보면 명백한 중독증이었음이 밝혀진다. 이런 상황을 중지시킬 유일한 희망은 의식적인 자각뿐이다. 그러나 실제로는 두 사람 다 경고표시를 무시하고 현재 벌어지고 있는 일에 대해 눈을 감아버린다.

섹스나 사랑에 대한 중독도 흔하게 발생한다. 연애나 결혼에서 이러한 징후가 조금씩 엿보이는데, 그럴 때는 심각한 경고로 받아들여야 할 것이다. 그리고 이러한 중독 증세는 게자리Ⅱ의 자기비하나 자신감 결여, 그리고 우상이 되고자 하는 당신의 욕망 때문에 더욱 증폭된다. 특히 당신의 징후는 아주 위험한 것인데, 당신은 이러한 자

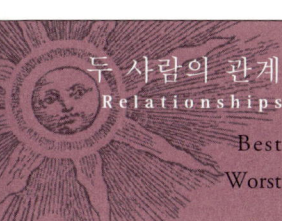

강점 ·	**마력을 뿜는다, 오래 지속된다, 속 깊다**
약점 ·	**의존한다, 나약하다, 중독 성향이 있다**
행복한 만남 ·	**우정**
힘겨운 만남 ·	**사랑**

기 욕망을 채우기 위해 주위 사람들로 하여금 자신에게 의존하도록 유도한다. 섹스는 둘에게 아주 즐거운 것이기는 하지만 강박적인 면이 있고 요구하는 것도 많다. 게다가 삶에 대해 현실적이고 건전한 태도를 갖는 걸 정면으로 방해한다.

우정 관계는 매력적이며 오래 지속되지만, 두 사람이 함께 뭔가에 중독될 위험이 높다. 예를 들어 술이나 담배, 환각성 약물에 중독되는 것이다. 이때 물론 다른 친구들이나 가족들이 둘에게 진실을 말해 주겠지만, 두 사람은 아니라고 발뺌만 해댄다. 이런 우정은 즐거울 수는 있겠지만 결국 근본적으로는 자기기만의 연속이다. 두 사람은 즐거움이나 쾌락의 유혹에 너무 쉽게 굴복하는 것이다.

두 사람이 함께 일을 하는 사이라면 일에 중독될 가능성이 가장 높지만, 반대로 감정이나 약물에 의존하게 될지도 모른다. 둘은 다시 정상궤도로 돌아갈 의지력도 부족하다. 가정에서도 부모자식 간의 감정적인 의존은 개인의 발전이나 정신적인 성숙을 가로막는 장애요인으로 작용하기 쉽다.

오토리노 레스피기 (1879년 7월 9일)
Ottorino Respighi

니콜라이 림스키-코르사코프 (1844년 3월 18일)
Nikolai Rimsky-Korsakov

이탈리아의 작곡가 오토리노 레스피기는 러시아를 두 번(1900, 1902) 방문했다. 그리고 거기에서 유명한 작곡가 니콜라이 림스키-코프사코프와 함께 공부했다. 레스피기는 교향시 〈로마의 분수Fountains of Rome〉(1916)와 〈로마의 소나무Pines of Rome〉(1924)로 유명하다. 이탈리아 오케스트라의 화려함은 림스키-코르사코프에서 영향 받은 바가 크다.

물고기자리 III 3월 11-18일 7월 11-18일 게자리 III
Pisces II THE WEEK OF DANCERS&DREAMERS   THE WEEK OF THE PERSUADER Cancer III

타고난 중재자

Natural Peacemakers

 둘의 관계는 내적으로는 꽤 복잡하다. 하지만 한편으로는 1,176개의 관계유형 중에서 가장 자연스럽고 편안한 축에 속한다. 두 사람은 여러 가지 면에서 스펙트럼의 양쪽 끝처럼 정반대이다. 게자리 III은 현실적인 타입으로 세상이나 권력의 구조에 대해 관심이 많다. 반대로 당신은 일생 동안 자신의 꿈만 좇는 비현실적인 타입이다.

advice

조언 한마디 | 베풀지만 말고 자신을 먼저 돌봐라.
좀더 강한 자아를 확립하라.
다른 사람에게도 당신을 도울 기회를 줘라.
개인적인 일을 할 수 있는 자유시간을 확보하라.

하지만 두 사람은 황도대에서 120°를 이루므로, 전통 점성학에서는 편안한 관계일 것으로 예견한다. 또 둘 다 '물'이므로 감정을 강조할 것이라고 본다. 실제로 둘 사이에는 생래적인 공감대가 형성되어 있다. 덕분에 극단적인 차이를 극복하고 관용과 신뢰를 구축하며, 공통점을 찾아낼 수 있다. 물론 일시적인 갈등이 있을지 모르지만 곧 수그러들 것이다.

두 사람의 관계는 특히 사교 분야에서 강력한 힘을 발휘한다. 우정이나 결혼의 영역에서 두 사람은 주위의 친구나 가족들을 하나로 화합하게 만드는 능력이 있다. 서로 반목하는 사람이나 파벌을 중재하는 솜씨가 뛰어나다. 말하자면 타고난 중재자인 것이다. 게자리 III

두 사람의 관계 Relationships	강점 · **중재한다, 자연스럽다, 봉사정신이 투철하다**
	약점 · **자신을 혹사한다, 희생한다, 상처입기 쉽다**
Best	행복한 만남 · **일**
Worst	힘겨운 만남 · **사랑**

은 아주 현실적인 사람이어서 당신의 철학적 세계관의 진실성을 곧바로 알아본다. 그리고 그런 세계관을 실천하기 위해 열심히 노력한다. 사람들이 보기에 두 사람은 신념으로 결합되어 있다. 이때의 신념은 사상에 대한 신념일 뿐만 아니라, 관계 자체에 대한 신념이기도 하다. 그리고 또 이런 신념이 있기에 두 사람은 타인을 배려하는 데 있어 특출하다.

어떤 경우에는 오히려 봉사정신이 강한 것이 문제가 될 수도 있다. 그러므로 회사에서든, 가정에서든, 대인 관계에서든 두 사람은 자신을 위한 시간을 따로 낼 수 있어야 한다. 그만큼 자기 혹사를 하며 타인을 위해 모든 것을 희생해야 한다고 스스로를 채찍질할 가능성이 높기 때문이다. 정작 둘은 자신들의 관계는 무시해 버리며 감정적이고 정신적인 성장을 위해 필요한 일정량의 자양분마저 거부해 버리기도 한다. 그러나 때로는 이기적이 될 필요가 있다. 서로 결속을 다지기 위해서는 시간이 필요하며, 그 시간을 내기 위해 다른 사람의 요구를 무시할 줄도 알아야 한다.

F.W. 드 클러크 (1936년 3월 18일)
F.W. de Klerk

넬슨 만델라 (1918년 7월 18일)
Nelson Mandela

F.W. 드 클러크는 1989년 남아프리카공화국의 대통령이 되었다. 1991년 그는 만델라를 감옥에서 석방시켰다. 이들은 함께 힘을 합쳐 남아공의 아파르트헤이트(인종분리정책)를 폐지시키고 흑인의 투표권을 얻어냈다. 그리고 그 공로로 1993년 노벨평화상을 공동수상했다.

물고기자리 III **3월11-18일** **7월19-25일** 게-사자자리
Pisces II THE WEEK OF DANCERS&DREAMERS   THE CUSP OF OSCILLATION Cancer-Leo Cusp

동의하지 않기로 한 동의

Agreeing to Disagree

둘의 관계는 일반적으로 서로 동의하지 않기로 동의한 관계다. 두 사람의 에너지는 서로 온화하게 작용하지만, 매우 방어적인 대립을 이루고 있다. 당신과 게-사자자리는 자주 견해 차이를 드러내지만, 서로를 존중하기 때문에 그 차이점을 잘 받아들이는데, 바로 이 점이 앞으로 두 사람 관계에 희망을 던져준다. 정직은 두 사람의 관계에서

a d v i c e

조언 한마디

교묘한 속임수를 경계하라.
서로 숨 돌릴 틈을 줘라.
논쟁에서 이기는 것은 그다지 중요하지 않다.

가장 중요한 가치이지만, 서로에게 확신을 주고 영향을 주려는 두 사람의 욕구 속에는 부인할 수 없는 교묘한 속임수가 숨어 있다. 둘 사이의 교류는 바라보는 사람에게는 재치가 넘치고 우아하며 매력적이지만, 정작 두 사람 자신에게는 무겁고 강한 긴장으로 다가온다.

둘의 사랑 및 결혼 관계에서는 유혹적인 태도가 뚜렷하게 나타난다. 주로 논쟁에서 이기거나 논쟁을 끝내기 위해 이 방법을 쓰는데, 이와 같은 감정의 교묘한 조종은 문제의 본질을 흐리며 진실을 찾으려는 모든 노력을 무디게 만든다. 두 사람은 충분히 즐거운 관계를 누리는 동안에도 스스로를 기만하는 것이다. 함께 강한 신념을 구축하지 않는 한, 즐겁긴 하지만 발전이나 성장에는 전혀 도움이 되지

강점 · **고무적이다, 존중한다, 상상력이 풍부하다**	
약점 · **반항한다, 논쟁한다, 속임수를 쓴다**	
행복한 만남 · **일**	
힘겨운 만남 · **사랑**	

않는 게임에 빠져서 에너지를 허비할 가능성이 많은 셈이다.

 부모자식 관계는 두 사람의 동의할 수 없는 기질을 증명이라도 하려는 듯, 끊임없는 논쟁을 자아낸다. 때문에 서로 존중하고 솔직해지려고 노력하는 것이 무척 중요하다. 만약 이러한 노력마저 사라진다면, 두 사람간의 전쟁은 자신들은 물론 가족 전체를 흔들어놓을 것이다.

 친구로서 두 사람은 본인들이 생각하는 낡아빠진 신념, 어리석은 습관, 잘못된 취향 등에 힘을 합쳐 반기를 든다. 하지만 부정적 비판에만 몰두하는 것이 아니라, 온건한 대안과 긍정적인 가치관을 제시할 만큼 현명한 모습도 보여준다.

둘의 관계는 풍부한 상상력을 갖고 있어서 다양한 직업 분야에 효과적으로 적응한다. 의견의 차이 정도는 쉽게 뛰어넘을 수 있다. 동업자나 고위 경영자로서 함께 일한다면, 두 사람이 보여주는 긴 안목의 통찰력 덕분에 회사와 조직 역시 크게 성장한다. 하지만 관리하는 기술은 두 사람 모두 부족하다. 따라서 인사, 구조, 재무 등 조직의 일상적 운영 업무를 도와줄 실리적인 타입의 제3자가 필요하다.

배리 본즈 (1964년 7월 24일)
Barry Bonds

보비 본즈 (1946년 3월 15일)
Bobby Bonds

부자지간인 배리와 보비는 모두 야구계의 올스타였다. 보비는 1968~81년에 8개 팀에서 활약하면서 461개의 도루를 기록했다. 배리는 1986년 피츠버그 팀에서 메이저리그 선수생활을 시작하여 현재는 샌프란시스코 팀에서 활약 중이다. 그는 2001년 시즌 초, 통산 500호째 홈런을 터뜨렸다.

물고기자리 III **3월 11-18일** **7월 26일-8월 2일** 사자자리 I
Pisces II THE WEEK OF DANCERS&DREAMERS   THE WEEK OF AUTHORITY Leo I

진실의 공유

Sharing the Truth

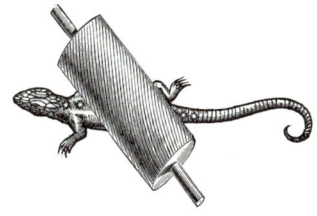

    두 사람의 관계는 매우 철학적이며, 주변 사람들과 진실을 나누기 위해 애쓴다. 하지만 대화를 최우선으로 놓지 않는다면 세상으로부터 고립되고 말 것이다. 실제로 두 사람은 자신들의 신념과 생각을 나누려는 시도가 좌절되면 스스로 고립을 선택한다. 사자자리 I의 원소는 '불'이고 물고기자리 III 당신의 원소는 '물'이지만, 두 사람

advice

조언 한마디 | 인간적인 차원에서 상황을 바라보라.
개인적인 문제를 소홀히 하지 마라.
때로는 환상의 구름에서 내려올 줄 알아야 한다.
유연성을 길러라.

의 관계는 '흙'과 '공기'의 지배를 받는다. 그래서 현실적인 에너지와 관념적인 에너지가 혼합된다.

우정과 결혼의 경우엔 함께 정신적·종교적·지적 생각을 나누면서 둘의 관계가 견고해진다. 아마도 두 사람을 처음부터 끌어당긴 것도 이러한 공통의 신념일 것이다. 이러한 신념은 두 사람의 관계가 전개되면서 더욱 발전하기도 한다. 이러한 신념을 토대로 생활의 틀을 잡는 것이 두 사람에게는 아주 흔한 일이다. 대부분의 다른 활동들은 이 고귀한 목적에 종속될 뿐이다. 하지만 감정 문제를 소홀히 처리하다 보면 분노와 좌절로 갈등에 빠질 수 있다는 점을 주의해야 한다.

강점 ·	**이상주의적이다, 대화가 통한다, 실용적이다**
약점 ·	**소홀히 한다, 완고하다, 좌절한다**
행복한 만남 ·	**결혼**
힘겨운 만남 ·	**일**

사랑이 가능하기는 하지만, 여기에다 신념의 틀을 개입시키는 것은 생각만큼 좋은 결과를 낳지 못한다. 사랑이 깊어지면 두 사람의 로맨틱하고 섹슈얼한 감정은 보다 숭고한 국면으로 상승하게 되겠지만, 대부분의 경우처럼 기대가 실망으로 변하게 되면 환멸만을 느낄 뿐이다.

두 사람이 부모자식 관계라면 특유의 엄숙함과 무거운 관념으로 고통받기 쉽다. 하지만 보다 관대하고 가벼운 분위기의 가정이라면, 당신은 좋은 부모가 되어 자녀인 사자자리I에게 특별한 보살핌과 양육, 이해를 베풀 수 있을 것이다. 두 사람의 대화는 지나치게 개인적이기 때문에 다른 가족으로부터, 그리고 사회로부터 외면받은 나머지 고립되지 않도록 조심해야 한다.

  두 사람이 함께하는 영리 사업이나 직장동료 관계는 대체적으로 좋은 결과를 얻기 힘들다.

제리 가르시아 (1942년 8월 1일)
Jerry Garcia

필 레쉬 (1940년 3월 15일)
Phil Lesh

가르시아는 1965년 결성된 '그레이트풀 데드Grateful Dead'의 기타-보컬리스트다. 그는 그룹의 주요 작곡자이자 리더 역할을 맡기도 했다. 레쉬는 같은 그룹에서 베이스와 보컬을 맡았다. 두 사람은 마약으로 얼룩진 수십 년간의 그룹 활동을 함께 했다. 1995년 가르시아의 사망으로 그룹의 활동은 종지부를 찍었다.

물고기자리 III 3월 11-18일 8월 3-10일 사자자리 II
Pisces II THE WEEK OF DANCERS&DREAMERS　　THE WEEK OF BALANCED STRENGTH Leo II

넘어서기 위해

Seeking to Surpass

당신과 사자자리 II의 관계는 홀로 서려는 독립의 욕구를 자극하기 때문에, 두 사람이 지속적인 관계를 맺고 유지해 나갈 수 있을지는 의문이다. 두 사람은 좀처럼 서로에게 차분해질 수가 없다. 서로 이렇다 하게 나눌 만한 것도 별로 보이지 않는다. 하지만 함께 경쟁 관계에 선다면, 감정의 차원보다는 공간이나 시간의 차원에서 아주

a d v i c e

조언 한마디

경쟁 욕구를 최선으로 활용하라.
두려움 때문에 깊은 관계로 발전하지 못한다.
독립이 언제나 필요한 것은 아니다.

기묘한 방식으로 친구나 연인보다도 더 가까워질 수 있다.

사자자리Ⅱ는 당신의 철학적·독립적 사고에 매료되고, 당신은 그의 당당한 사회적·직업적 태도에 감탄한다. 친구나 형제 사이일 때는 이러한 감탄이 경쟁으로 이어지며, 상대방의 장점을 흉내내거나 심지어 그것을 능가하려고 애쓰는 과정에서 각자 크게 성장하게 된다. 단, 상대방을 이기고 싶다는 욕구가 도를 넘지 않도록 잘 다스려져야 한다. 욕구가 지나칠 경우 무슨 짓을 할지 상상조차 할 수 없기 때문이다.

상업적이고 직업적인 관계에서, 사자자리Ⅱ가 한 회사에서 당신과 경쟁하게 된다면, 전반적으로 행동의 속도를 늦추기보다는 자꾸

두 사람의 관계
Relationships

Best
Worst

강점 · **경쟁적이다, 독립적이다, 영리하다**
약점 · **인정하지 않는다, 두려워한다, 완고하다**
행복한 만남 · **경쟁 상대**
힘겨운 만남 · **사랑**

빠르게 만드는 결과를 가져온다. 만약 두 사람이 경쟁관계인 두 회사에서 정면 대결을 하게 된다면, 당신은 영악하게도 사자자리Ⅱ의 장점을 무기력하게 하여 그것이 오히려 단점이 되게 훼방을 놓을 것이다.

사랑과 결혼에서의 중요한 문제는, 두 사람이 얼마나 많은 시간과 노력을 서로간의 관계에 기꺼이 투자하느냐이다. 아무리 깊이 사랑한다 해도, 두 사람은 서로 나누고 취하려는 욕망보다 자신의 독립을 더 소중하게 생각하기 때문이다.

자유로워지고 싶은 이러한 열망 아래엔 서로 너무 가까워지는 것에 대한 은밀한 두려움이 있다. 따라서 이러한 두려움이 극복될 수만 있다면, 자유에 대한 지나친 고집이 사라지면서 새로운 관계와 헌신이 시작될 수 있을 것이다.

닐 암스트롱 (1930년 8월 5일)
Neil Armstrong

프랭크 보먼 (1928년 3월 14일)
Frank Borman

우주비행사인 암스트롱과 보먼은 1962~70년, 미 항공우주국(NASA)의 유인 우주선 프로젝트에 투입되었다. 이들은 단 한 번도 함께 비행한 적이 없지만, 지구에서는 늘 함께 일했다. 두 사람은 제미니 작전과 아폴로 작전의 지휘자였다. 보먼은 첫 달 궤도 탐험(1968)의 지휘자였고, 암스트롱은 처음으로 달에 발을 디뎠다(1969).

물고기자리 III 3월 11-18일 8월 11-18일 사자자리 III
Pisces II THE WEEK OF DANCERS&DREAMERS   THE WEEK OF LEADERSHIP Leo III

눈빛만 봐도 알아

Speaking with a Glance

당신과 사자자리Ⅲ의 대화 수준은 매우 높으며, 생각 역시 자유롭고 광범위하다. 아이디어에 관심이 많은 두 사람은 서로에게도 놀라운 지적인 집중력과 세심한 주의력을 보여준다. 그 집중력과 주의력에서 벗어날 수 있는 것은 아무것도 없다고 할 수 있을 정도다.

그렇다 보니 종종 서로에 대해, 그리고 다른 사람들에 대해 무자

advice

조언 한마디

놀기를 일하듯이 하지 마라.
편안히 휴식하는 법을 배워라.
채우려면 비울 줄도 알아야 한다. 가끔은 시간 기한을
어길 수도 있다. 두뇌의 모터를 멈춰라.

비한 비판을 쏟아내곤 하며, 또 때로는 모든 지적 에너지가 온통 걱정과 불안만을 야기하는 경우도 발생한다. 두통과 스트레스 증상을 피하기 위해서는 보다 즐거운 일에 빠질 줄 알아야 하며, 의식적으로 육체적인 영역을 보다 강조하려고 노력해야 한다.

서로 사랑할 때, 당신과 사자자리Ⅲ은 거절에 대한 두려움 없이 자유롭게 감정을 표현한다. 하지만 두 사람의 관계는 감정적으로 극히 불안할 수 있는데, 이러한 불안감은 성적 욕구와 흥분을 끌어올리기에는 좋지만 둘의 관계가 지속성을 갖는 데는 아무런 도움이 되지 않는다. 결혼은 반드시 오랜 연애를 통해 이해와 신뢰의 깊은 유대가 형성된 후에만 시도해 볼 수 있을 것이다.

강점 · **대화가 통한다, 자유롭다, 주의 깊다**
약점 · **스트레스가 많다, 불안정하다, 위기를 부른다**
행복한 만남 · **일**
힘겨운 만남 · **결혼**

당신과 사자자리Ⅲ의 열린 대화채널은 일 관계와 친구 관계에서 분명한 장점으로 나타난다. 사자자리Ⅲ은 훨씬 직선적이고 당신은 훨씬 미묘하지만, 두 사람은 오히려 단 한 번의 눈짓과 제스처만으로도 모든 것을 말하고 이해한다. 특히 위기의 상황에서 이러한 특성이 강해진다. 또한 둘은 시간 안에 일을 처리하는 방법, 그리고 스트레스 속에서도 능력을 발휘하는 방법을 잘 알고 있는데, 이런 능력은 종종 두 사람의 트레이드마크로 통한다.

형제 관계, 특히 동성의 형제일 때, 둘은 부모의 구속에 함께 힘들어하면서 도망치길 갈망한다. 두 사람은 보호의 우산을 펼쳐 서로를 부모의 형벌로부터 감싸려고 애쓴다. 두 자매, 혹은 두 형제가 함께 가출하는 일은 드문 일이 아니다. 심지어 성인이 된 후에도 같은 집에서 함께 사는 경우도 많다.

리 슈버트 (1875년 3월 14일)
Lee Schubert

제이콥 슈버트 (1880년 8월 15일)
Jacob Schubert

리와 제이콥은 세 형제(다른 한 명은 샘) 중 둘로 막강한 극장 왕국을 건립했다. 1920년대 후반 경, 이들은 무려 100개의 극장을 소유했다. 이중에는 뉴욕 타임스 퀘어의 슈버트 극장, 부스 극장, 브로드허스트, 배리모어 극장 등도 포함된다. 슈버트 왕국은 지금까지 건재하며, 현재 16개의 브로드웨이 극장을 소유하고 있다.

물고기자리 III 3월 11-18일 8월 19-25일 사자-처녀자리
Pisces II THE WEEK OF DANCERS&DREAMERS   THE CUSP OF EXPOSURE Leo-Virgo Cusp

공통점 찾아내기

Finding Common Ground

둘의 관계를 밀고나가는 힘은 비범함에 대한 욕구이다. 두 사람은 스스로 독특하거나 특별하다고 느끼고 싶어하며, 혹은 진기하거나 흥분되는 일을 하고 싶어한다. 따라서 좋은 쪽이 됐든 나쁜 쪽이 됐든, 아무도 흉내낼 수 없으며 예전에 경험했던 어떤 관계와도 전혀 다른 관계가 만들어진다. 두 사람은 대체로 오랫동안 서로 다른 노

advice

조언 한마디 | 입장을 명확히 하라. 문제로부터
도망치는 것은 도움이 안 된다.
서로 다른 의견끼리 싸워가면서 해결책을 찾아라.
공통점을 찾아내라.

선을 걸어온 경우가 많은데, 사자-처녀자리가 보다 개인적인 문제에 열중했다면 당신은 보다 우주적, 철학적, 사회적, 심지어 몽상적인 문제에 몰두해 온 편이다. 그렇기 때문에 두 사람은 거의 일치된 의견을 내놓지 못하며, 광범위한 영역에서 불화와 의견 차이를 드러내 보인다. 따라서 오래 지속되는 관계를 만들겠다는 생각은 거의 현실성이 없다.

두 사람의 사랑에서 어떤 안정감을 찾아낸다는 것은 사실상 불가능하다. 사자-처녀자리는 당신의 몽상가적인 성격이 짜증스럽게 느껴지며, 당신은 경험으로부터 배우지 못하는 그를 보면서 지쳐간다. 당신은 결혼생활에 성실하며 아이도 잘 기르는 편이지만, 정작 배우

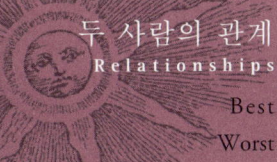

두 사람의 관계
Relationships

Best
Worst

강점 · **특이하다, 책임을 완수한다, 자기성찰**
약점 · **일시적이다, 분열된다, 스릴을 좇는다**
행복한 만남 · **우정**
힘겨운 만남 · **사랑**

자로서의 그에게 원했던 든든한 지지와 변함없는 사랑을 그에게 얻어내기는 힘들다. 한편 두 사람은 한 커플로서, 한 장소에 정착하지 못하고 여행과 이사를 반복하는 경향이 있다.

두 사람의 우정은 비교적 오래 지속되는 편이지만, 그렇다고 해서 자주 만나는 사이를 의미하는 것은 아니다. 두 사람은 독창성을 최우선으로 여기며, 그래서 특이한 모임, 협회, 취미활동에 이끌리는데, 실제로도 이런 활동에서 많은 것을 성취해 낸다. 한편 두 사람의 우정은 서로의 보다 예민하고 내면적인 측면을 드러내게 만듦으로써, 서로가 상대방의 자기성찰에 힘이 되어주는 경우가 드물지 않다. 다른 한편, 두 사람이 라이벌이나 적수로 만났을 때는, 서로간의 대립을 통해 부지불식간에 상대방의 감정 깊은 곳을 건드림으로써 서로가 가지고 있던 본래적 신념을 다시 일깨운다.

두 사람이 가족이라면 사업이나 종교적, 사회적 활동을 함께 할 가능성이 높은데, 종종 실용주의와 이상주의의 독특한 결합을 보여준다. 또한 두 사람에겐 일상의 문제를 창의적으로 해결하는 재주가 있다.

조이 부타푸오코 (1956년 3월 11일)
Joey Buttafuoco

에이미 피셔 (1974년 8월 21일)
Amy Fisher

16세의 소녀 피셔와 유부남 부타푸오코의 사건은 한때 미국을 떠들썩하게 했다. 피셔와의 성관계 때문에 부타푸오코는 미성년자 강간으로 유죄를 선고받고 6개월 동안 옥살이를 했다. '롱아일랜드의 로리타'였던 피셔는 그 사이 부타푸오코의 아내의 머리에 총을 쏘았다. 15년형을 선고받은 피셔는 지금도 복역 중이다.

물고기자리 III **3월 11-18일** **8월 26일-9월 2일** 처녀자리 I
Pisces II THE WEEK OF DANCERS&DREAMERS THE WEEK OF SYSTEM BUILDERS Virgo I

개념의 연마

Honing Concepts

두 사람의 관계는 새로운 생각을 발전시키고 함께 나누는 데 관심이 많다. 사실 둘 사이의 이러한 정신적 교감은 너무나 날카롭고 짜릿한 것이기 때문에, 두 사람 중 누구도 이 관계에서 도망칠 수가 없을 정도다. 어떤 말을 들었을 때, 보다 실용주의적인 처녀자리I은 주로 말해진 사실 자체에 주목하는 반면, 상상력이 풍부한 당신은

advice

조언 한마디 | 당신이 하는 말을 사람들이 100% 이해했으리라고 쉽게 단정짓지 마라. 의사소통이 꼭 말로만 이루어지는 것은 아니라는 점을 기억하라. 때로는 모자라는 것이 넘치는 것이다.

그것이 어떤 방식으로 말해졌으며 상징하는 바는 무엇인지에 관심을 가진다. 이때 처녀자리I은 당신이 갖고 있는 개념을 보다 정교화하고 구체화하는 데 도움을 주며, 당신은 그의 생각에 생생한 활기를 불어넣음으로써 좀더 매력적인 모습을 띠게 만들어준다.

사랑이나 결혼 관계에서, 두 사람의 의사소통은 아주 사적이다. 자기들만의 언어를 만들기 때문에 타인들은 들어도 이해하지 못한다. 따라서 서로에 대한 이해는 굉장히 깊지만 대신 가족이나 주위 친구들로부터는 고립되거나 오해받기 쉽다. 친구일 때, 두 사람은 온갖 종류의 기술 혁신에 매혹된다. 특히 컴퓨터 소프트웨어, 비디오게임, 인터넷사이트 개발에 대한 관심이 높다. 이런 관심사를 함

강점 · **혁신적이다, 의사소통이 활발하다**
약점 · **거절한다, 오해받는다, 좌절시킨다**
행복한 만남 · **일**
힘겨운 만남 · **가족**

께 추구할 때, 둘은 종종 서로에게만 너무 의지하여 다른 절친한 이들과의 친분을 유지하는 데 문제를 일으키곤 한다. 예를 들어, 두 사람 각각의 연인이나 배우자는 무시당했다는 느낌 속에서 분노를 터뜨리게 될지도 모른다. 두 사람이 가족 관계일 경우에도, 역시 두 사람 이외의 다른 가족들은 소외감을 느끼게 된다. 두 사람이 형제일 때는, 서로 똘똘 뭉쳐 다니면서 기본적인 부모자식 관계에 대해서조차 별 관심을 보이지 않기 때문에 당혹감에 휩싸인 부모로부터 호된 질책을 피하기 어렵다.

함께 일할 때는, 두 사람 사이에서 논쟁이 끊이질 않는다. 직장동료인 두 사람이 의견일치를 보는 일은 거의 없다. 하지만 이러한 토론과 논쟁을 통해, 두 사람은 관념적인 생각들을 좀더 정교하게 다듬으면서 사고의 정확성과 논리성을 향상시킬 수 있다. 뿐만아니라 대화술도 크게 향상되는데, 특히 다른 사람이 두 사람의 논쟁에 끼어들 때 더욱더 많은 발전을 가져온다. 두 사람이 내린 결론이 옳은지 그른지는 결과에 의해 판명날 것이지만, 성공을 거두든 실패를 하든 간에, 두 사람은 자신들이 속한 그룹 내에서 의사소통의 수준을 한 차원 높이는 데 큰 기여를 하게 된다.

퀸시 존스 (1933년 3월 14일)
Quincy Jones

페기 립턴 (1947년 8월 30일)
Peggy Lipton

팝음악계의 거장인 존스는 음악가, 작곡가, 편곡자이자 음반 제작자이다. 그는 여러 차례 그래미상을 수상했다. 1960년대 후반 그는 TV시리즈 〈매드 스쿼드The Mad Squad〉(1968~73)의 여주인공 페기를 만나 결혼했다. 후에 두 사람은 이혼했다.

물고기자리 III 3월11-18일 9월3-10일 처녀자리 II
Pisces II THE WEEK OF DANCERS&DREAMERS   THE WEEK OF THE ENIGMA Virgo II

기적 같은 놀라운 일들
The Miraculous and Unexpected

당신과 처녀자리 II에겐 각자 몇 년 동안씩 잠재워 둔 비밀스러운 꿈이 있는데, 그 꿈이 드디어 서로의 관계에서 활짝 꽃을 피우게 된다. 그리고 두 사람은 서로가 꾸었던 꿈이 정확히 일치한다는 사실에 깜짝 놀라게 된다. 그렇듯 둘의 관계는 마치 기적 같은 놀라운 일들의 연속이다. 이로써 두 사람은 멋진 비전과 포부에 집중하게 되

a d v i c e

| 조언 한마디 | 스스로를 좀더 현실적으로 바라봐라.
자신의 계획을 꼼꼼하게 검토하라.
그냥 환상을 꿈꾸는 데 만족해서는 안 된다.
차근차근 조직적으로 추진해 나가라.

는데, 그건 인생이라는 여행의 과정이기도 하고 목적지이기도 할 것이다.

당신과 사랑에 빠지거나 결혼을 함으로써, 처녀자리Ⅱ는 비로소 가족 관계의 모든 측면을 구석구석 경험하게 된다. 그 전까지는 관심도 없었고, 자신과는 거리가 멀다고만 생각했던 그 가족 관계를 말이다. 한편 두 사람은 서로에게 자신을 정서적으로 이해해 달라고 하면서도 정작 본인은 상대방을 이해해주지 못한다. 이는 두 사람의 관계가 내적인 목표보다는 외적인 목표에 몰두하기 때문이다. 하지만 다른 한편으로 보면, 그러한 외적 목표는 어린 시절의 콤플렉스, 특히 윗사람으로부터 인정받지 못했다는 사실에서 기인하는 콤플렉

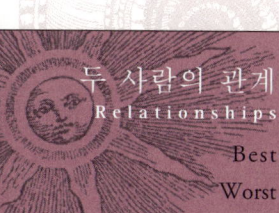

강점 ·	**폭넓다, 야심 차다, 공유한다**
약점 ·	**비현실적이다, 이기적이다, 쉽게 실망한다**
행복한 만남 ·	**결혼**
힘겨운 만남 ·	**직업**

스를 해소할 수 있는 기회가 되어주기도 한다. 부부로서 두 사람은 새 집을 설계하거나 혹은 낡은 집을 고치는 일을 아주 훌륭하게 해내며, 때로는 가정을 꾸리는 일에 시간과 노력을 모두 쏟아붓기도 할 것이다.

두 사람이 친구라면, 여행의 동반자로서 딱 알맞다. 둘 다 사고의 범위가 넓어, 오랜 휴가나 머나먼 곳으로의 탐험여행을 계획하는 대범함을 보여준다. 불행하게도 이런 계획의 대부분이 구상 단계 이상을 넘어서지 못하지만, 적어도 한두 번은 실행에 옮겨지며, 이 경우 정말 짜릿하고 충만한 경험이 될 것이다.

직업상으로 만난 두 사람은 약간 비현실적이어서, 현실을 뒤로 한

채 꿈과 포부만 저만치 앞서 나가기 쉽다. 돈을 벌거나 사업을 해보 겠다며 이런저런 목표를 세우지만, 물론 실패할 가능성이 더 많다. 사실 둘에게는 웬만한 수준의 성공 정도는 이미 예약된 것이나 다름 없는데, 미리 실망하고 포기하는 바람에 그것마저도 이루지 못하는 경우가 많다.

피터 셀러스 (1925년 9월 8일)
Peter Sellers

라이자 미넬리 (1946년 3월 12일)
Liza Minnelli

1970년대에 미넬리는 거의 미친 듯이 일했다. 빽빽한 공연과 녹음 스케줄은 인간의 한계를 넘어선 것이었다. 이 와중에도 그녀는 1973년 배우 셀러스와 사랑에 빠졌는데, 너무나 바쁜 스케줄로 인한 긴장 때문에 애간장만 끓였고 결국 헤어졌다. 그 직후 미넬리는 알코올 중독으로 치료를 받게 된다(1984~86).

물고기자리 III 3월 11-18일 9월 11-18일 처녀자리 III
Pisces II THE WEEK OF DANCERS&DREAMERS　　THE WEEK OF THE LITERALIST Virgo III

과대망상증

Megalomania

두 사람이 함께하게 됐을 경우 거창한 프로젝트가 아니라면 거들 떠보지도 않는다. 그런데 문제는 두 사람이 그 정도로 큰 규모의 활동을 벌일 준비가 전혀 안 되어 있다는 것이다. 그냥 눈앞에 닥친 목표나 잘 챙기는 것이 더 나을 것이다. 물고기자리 III 당신과 처녀자리 III은 황도대에서 완전히 서로 180°를 이루며 마주보고 있는데, 이

advice

조언 한마디 | 한 번에 한 걸음씩만 떼라. 환상에도 어느 정도 조절이 필요하다. 생각하는 것 자체도 일종의 막강하고 영향력 있는 행동이라는 사실을 기억하라. 생각이라고 함부로 해서는 안 된다.

런 양극성은 이 관계의 에너지를 자극하여 적정한 한계 이상으로 밀어붙인다. 처녀자리의 원소는 '흙'이고 물고기자리는 '물'이지만, 둘의 결합은 '불'의 지배를 받게 되는데, 이건 욕망이 선동하는 대로 휩쓸려다닐 위험성을 예고하는 것이다.

둘의 사랑이나 우정에서는 감정이 현실성을 잃기가 쉽다. 둘의 관계가 최고이며, 가장 로맨틱하고, 가장 감각적이라고 믿고 싶어한다는 것이다. 자신이 가진 것을 좀더 현실적으로 바라보는 법을 배우는 게 두 사람에겐 매우 어려운 일이다. 항상 뒤늦게서야 자신의 상황인식이 얼마나 현실과 괴리되어 있는지를 깨닫곤 한다. 여기서 부족한 것은 관계 그 자체가 아니라, 관계에 대한 객관적인 평가이다.

강점 · **배운다, 힘이 넘친다, 의식을 고양시킨다**
약점 · **비현실적이다, 과대망상증, 투사한다**
행복한 만남 · **일**
힘겨운 만남 · **가족**

당신이 부모일 때는 자신의 숨겨진 욕망을 아이를 통해 실현시키려고 들볶는 걸 조심해야 한다. 두 사람이 조부모와 손자 관계일 때에도 잘못될 가능성이 농후하다. 버릇없는 손자는 스스로에 대해 착각을 하면서, 아주 조야한 깨달음을 갖고 잘난 척하는 법이다.

일 관계로 만난 두 사람은 크게 한탕할 생각만 하는 식의 부와 권력에 대한 망상을 갖게 된다. 두 사람이 무능력한 것도 바로 그 때문이다. 차라리 처음에는 작은 것부터 시작해서 직업적으로 탄탄한 경력을 쌓아가야 한다. 달을 따라 가는 건 그 다음에나 생각해볼 일이다. 사실 두 사람 다 평범한 직업에는 금방 싫증을 내는 편이지만, 그래도 참고 계속하는 것이 심리적인 안정감을 위해서도 좋다. 긴

안목에서 보면 야망보다는 신중함이 이 관계의 가치와 자부심을 높이는 데 더 긴요할 수 있다. 결혼생활을 할 때도 가능하면 작고, 관리가 가능한 규모의 집에서 시작하는 것이 좋다.

할 월리스 (1899년 9월 14일)
Hal Wallis

제리 루이스 (1926년 3월 16일)
Jerry Lewis

1949년 제작자인 월리스는 루이스를 〈내 친구 어마My Friend Irma〉라는 이류 코미디영화에 조연으로 캐스팅했다. 이 작품은 두 사람을 성공가도에 올려놓았으며 그 뒤 월리스는 16편의 영화를 더 만들었다. 하지만 이 팀은 1956년에 결별하게 된다.

물고기자리 III 3월 11-18일 9월 19-24일 처녀-천칭자리
Pisces II THE WEEK OF DANCERS&DREAMERS   THE CUSP OF BEAUTY Virgo-Libra Cusp

화려한 꿈의 세계

Colorful Dreamworld

로맨틱하고 다정한 관계로, 두 사람은 서로 상대방의 매력에 홀린 채 둘만의 화려한 꿈의 세계에서 살아간다. 상상력 풍부한 이 관계 속에서 둘은 불확실성, 모호함, 신비의 경험을 찾아 헤맨다. 또한 경직된 스케줄이나 이미 진행 단계가 결정된 계획은 피한다. 어떤 일이 일어나도록 만드는 것보다는 그냥 흘러가게 내버려두는 것을 더

advice

조언 한마디

눈을 크게 떠라.
상황을 마음대로 해석하지 말라.
있는 그대로 판단하기 위해 노력하라.

좋아하기 때문이다. 사실 두 사람은 어떤 일을 인위적으로 도모하는 게 실질적으로 불가능하다고 생각한다. 인생의 대부분이 운명이거나 우연이라고 생각하는 것이다.

두 사람이 연인이나 친구로 만났을 때 이러한 신념은 보다 구체화된다. 돌아보면 세상 속에서 두 사람이 서로 마주쳤다는 것만도 엄청난 일인 것이다. 두 사람은 마치 기적 같은 만남이라고 생각한다. 또 자신들의 만남을 운명이라고 느끼기 때문에 둘의 관계에 엄청난 힘이 붙는다. 그리고 덕분에 여러 힘든 시기를 버텨낼 수 있다.

결혼생활은 시간이 지나면서 점점 신선함을 잃어가, 오로지 자신들의 만남이 운명의 기적이라는 믿음만이 결혼생활을 지탱해 주게

두 사람의 관계
Relationships

Best
Worst

강점 · **상상력이 풍부하다, 다채롭다, 로맨틱하다**
약점 · **불확실하다, 모호하다, 서로 맞지 않는다**
행복한 만남 · **사랑**
힘겨운 만남 · **일**

된다. 사실 두 사람은 서로 전혀 맞는 상대가 아니다. 이 사실을 깨닫게 되면서 둘은 서서히 멀어진다.

부모자식 관계로는 두 사람이 감정적으로 복잡한 편이다. 당신은 처녀-천칭자리 자녀를 너무 사랑한 나머지 버릇 나쁜 아이로 망쳐놓기 쉽다. 반면 처녀-천칭자리 부모는 자녀인 당신을 견딜 수 없어 한다. 그는 자녀에게 질서와 효율성, 상식 등 많은 것을 요구하지만, 당신이 이런 요구에 부응하기란 어렵거나 아예 불가능하다. 두 경우 모두 상대방에 대한 선입견을 줄이고 자녀를 있는 그대로 받아들이는 것이 중요하다. 그렇지 않으면 심리적인 충돌을 피할 수 없을 것이다.

회사나 어떤 조직에서 하루 종일 함께 시간을 보내야 하는 관계는 두 사람에게 절대로 어울리지 않는다. 만약 둘이 함께 사업을 벌인다면, 환상에 휩쓸려 모든 것을 잃어버리지 않도록 각별히 조심해야 할 것이다.

셰일러 맥래 (1924년 9월 24일)
Sheila MacRae

고든 맥래 (1921년 3월 12일)
Gordon MacRae

셰일러와 뮤지컬 스타 고든은 1941~67년 부부였다. 영화 〈오클라호마!Oklahoma!〉(1955)와 〈회전목마Carousel〉(1956)로 깊은 인상을 심어준 고든은 후에 셰일러와 함께 나이트클럽 쇼에 출연했다. 셰일러는 TV로 진출하여 한동안 〈재키 글리슨 쇼Jackie Gleason Show〉(1966)에서 앨리스 크램든을 연기했다. 그후 직접 자신의 이름을 내건 토크쇼(1971)를 진행하기도 했다.

물고기자리 III 3월 11-18일 9월 25일-10월 2일 천칭자리 I
Pisces II THE WEEK OF DANCERS&DREAMERS   THE WEEK OF THE PERFECTIONIST Libra I

기적의 힘

Miraculous Powers

이 관계는 삶의 모든 면을 자세히 관찰한다. 우연, 동시성, 예언, 초감각적 감지능력 등을 이해하는 것이 두 사람의 목표다. 어떤 면에서 두 사람의 관계는 가장 회의적인 자와 가장 확신을 갖고 있는 자 사이의 결투처럼 보이기도 한다. 물론 그러한 비유는 다소 극단적이긴 하지만, 어느 정도의 진실은 담겨 있다.

advice

| 조언 한마디 | 현실적으로 생각하되, 믿음을 저버리진 말라. 자신의 감각과 판단을 믿어라. 가슴과 머리를 모두 따르라. |

천칭자리 I은 오로지 이성의 능력을 따르는 사람으로, 실제적으로 확인될 수 없는 것은 모두 부정한다. 반면 당신은 보이지 않는 것까지 기꺼이 믿는다. 당신에게는 그것도 현실이기 때문이다. 당신은 일상생활에서 겪게 되는 여러 현상이나 사건에도 초자연적인 힘이 관여하며, 또 특별한 의미가 담겨 있다고 믿는다. 그래서 일상생활의 기적을 인식하지 못하는 사람들의 무지와 거부를 안타까워하기까지 한다.

사랑과 결혼 관계에서, 두 사람은 자신들이 어떻게 만났는지, 이처럼 친밀한 관계가 되기까지 어떤 우연이 있었는지 돌이켜 회상하는 것을 좋아한다. 두 사람이 예측할 수 없는 충동적인 만남을 소중

두 사람의 관계
Relationships

강점 · **연구한다, 자연스럽다, 믿는다**
약점 · **잘 속는다, 하나밖에 모른다, 착각한다**
행복한 만남 Best · **결혼**
힘겨운 만남 Worst · **일**

하게 여기는 것은 전혀 놀라운 일이 아니다. 특히 섹스에서 이런 면이 더 강하다.

가족과 친구 관계에서는 미지의 것을 탐험하려는 욕구가 강하게 나타난다. 아마도 이것은 공상과학물에 대한 관심과 사적 탐색 등으로 실현될 것이다. 천칭자리 I은 처음에는 이러한 활동에 참여하는 것을 조금 회의적으로 생각하지만, 당신과 계속 사귀다보면 겸연쩍던 호기심이 좀더 많은 것을 알아내려는 열렬한 갈망으로 변해가는 것을 느끼게 된다. 처음의 거부감이 강할수록 이후의 열정과 몰두 역시 깊어질 것이다. 그리고 이것은 당신의 지극한 기쁨이 된다.

일 관계에서 두 사람은 억지로 일을 성사시키려 하기보다는 그냥 흘러가는 대로 내버려두는 것이 옳다고 생각한다. 게임, 모험, 운명 등의 요소가 둘의 일 관계에 강하게 얽혀들 것이다. 이 모든 것을 완전히 인정하는 것은 아니지만, 두 사람은 일 관계의 심리적 측면에 특히 관심이 많다. 텔레파시를 특별하게 생각하는 것도 그런 관심의 연장선상에 있다.

에드가 케이스 (1877년 3월 18일)
Edgar Cayce

J.B. 라인 (1895년 9월 29일)
J.B. Rhine

에드가 케이스와 J.B. 라인은 초자연적인 심령현상을 연구한 과학자들이다. 듀크대 교수인 라인은 주로 초감각적 감지능력과 염력(물질에 대한 정신작용)을 연구했다. 당대 최고의 영매로 손꼽혔던 케이스는 어디에도 소속되지 않고 독립적인 연구를 펼쳤다. 두 사람 모두 과학적으로 설명할 수 없는 많은 현상에 대한 우리의 이해를 넓혀주었다.

물고기자리 III 3월 11-18일 10월 3-10일 천칭자리 II
Pisces II THE WEEK OF DANCERS&DREAMERS   THE WEEK OF SOCIETY Libra II

시간의 회랑

Down the Corridors of Time

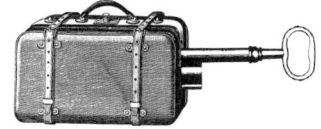

두 사람의 관계가 울리는 반향은 시간의 회랑을 내려가며 메아리 친다. 두 사람은 지극히 로맨틱하고 영감이 뛰어나면서도 한편으로 아주 실용적인 면을 갖고 있기 때문에 직업이나 그밖의 영역에서 어떤 불가사의한 힘을 갖게 된다. 하지만 만일 서로에게 완전히 넋을 빼앗겨버리게 된다면, 세상 사람들의 비판이나 반대 따위는 전부 무

advice

조언 한마디

상대방에게 숨쉴 여유를 줘라.
개인적인 성장과 발전을 막지 마라.
서로의 감정에 대해 지나치게 예민할 필요가 없다.

시해 버릴 수도 있다. 두 사람의 삶의 태도를 특징적으로 표현하자면, 지나친 자신감과 일종의 거만함이라고 할 수 있다. 이런 성향은 지금 당장은 별 문제가 없는 듯해도, 길게 봤을 때 끈질기게 문제를 일으킨다. 오히려 그래서 숭배받는 일도 종종 있지만, 질투심과 적대감도 많이 불러일으킨다.

두 사람의 사랑은 그야말로 울트라 로맨틱이다. 두 사람은 사랑에 모든 걸 내던지며, 감정적으로나 성적으로 전혀 주저함이 없다. 하지만 이런 열정적인 관계가 결혼으로 연결되기는 쉽지 않다. 왜냐하면 언젠가 그 특별한 불꽃은 꺼지게 될 것이고, 그렇게 되면 관계를 끝내든지 아니면 좀더 평범한 수준에서 관계를 지속하든지 양단간

두 사람의 관계 Relationships

강점 · **로맨틱하다, 감정이입한다, 이상주의적이다**
약점 · **너무 의존한다, 고통스럽다, 비실용적이다**
행복한 만남 (Best) · **사랑**
힘겨운 만남 (Worst) · **결혼**

에 결정을 해야 하기 때문이다. 하지만 나이가 들면서는 얘기가 달라진다. 그리움과 후회가 뒤섞인 복잡한 심경으로 활기찼던 지난날을 회상하게 될 것이다.

당신과 천칭자리Ⅱ는 연인이나 친구이면서 일도 함께하게 되는 경우가 많다. 두 사람은 자신들의 영감을 공동의 사업이나 예술적·사회적 활동에 쏟아붓는데, 그렇다고 꼭 큰 돈을 벌어야 한다고 생각하는 건 아니며, 단지 마음과 영혼으로 믿음을 가질 만한 프로젝트에 전념하고 싶어할 뿐이다. 하지만 그렇기 때문에 오히려 두 사람의 계획은 다소 비실용적인 면을 갖게 된다. 즉 처음 시작할 때는 그럴 듯하게 보이지만 막상 결실을 보지 못하며, 나중에 생각해 보면 이 세상의 수준에서는 너무 과분한 계획이었음이 드러나곤 한다.

부모자식 관계일 경우, 두 사람은 넘치는 애정을 보여주며 서로에게 깊이 감정이입된다. 하지만 이렇게 상대방의 기분이나 소망에 대해 예민한 건 오히려 문제가 될 수도 있다. 왜냐하면 행복뿐 아니라 고통이나 비통함까지 자기 것처럼 깊이 느끼기 때문이다. 따라서 좀 더 객관적인 자세를 취하도록 노력할 필요가 있으며, 특히 자녀가 청소년일 경우에는 개성을 개발하는 데에 주력해야 할 것이다. 그래야 각자의 길을 갈 수 있으며, 서로에게 짐을 지우지 않게 된다.

엘리노라 두세 (1858년 10월 3일)
Eleanora Duse

가브리엘레 단눈치오 (1863년 3월 12일)
Gabriele D'Annunzio

두세는 당대 유럽 최고의 여배우였다. 1894년 그녀는 단눈치오와 격정적인 사랑에 빠졌는데, 그것은 기나긴 사랑의 시작이었다. 단눈치오는 시인, 소설가, 극작가, 애국자이며 많은 염문을 뿌린 것으로도 유명하다. 그는 40년 동안 유럽의 문화지형에서 중요한 존재였다. 두세와의 기나긴 연애는 그의 소설 《생의 불꽃The Flame of Life》(1900)에 자세히 묘사되어 있다.

물고기자리 III **3월 11-18일** **10월 11-18일** 천칭자리 III
Pisces II THE WEEK OF DANCERS&DREAMERS　　　THE WEEK OF THEATER Libra III

질문에 답하다

Answering the Question

"보스는 누구인가?" 이 질문은 두 사람 관계의 여러 측면을 함축하고 있다. 그렇다고 둘 사이에 끊임없는 권력 다툼이 발생한다는 얘기는 아니다. 다만, 늘상 이 질문에 대해 꼭 답을 하고 넘어가야 할 뿐이다. 어느 특정한 때, 혹은 어느 특정한 상황에서 누가 보스의 역할을 할지를 결정하는 것은 둘에게 아주 중요하다. 왜냐하면 어느

advice

조언 한마디 | 주도권의 행사를 두려워하지 마라.
방향 제시는 꼭 필요한 일이다,
그러니 당신이 그걸 해줘야 한다.
우유부단함을 피하고, 강한 의지를 가져라.

쪽이 지배자의 역할을 하게 되든, 나머지 한 사람은 그를 존중하고 따를 것이기 때문이다. 사실 실현 가능한 최선의 상황은 두 사람이 자신들이 속한 조직이나 사회에서 함께 리더의 역할을 맡고, 권력을 정확히 반분(半分)하는 것이다.

황도대에서 천칭자리Ⅲ과 물고기자리Ⅲ 당신은 150°를 이루는 만큼, 사랑이나 결혼에서 불안정한 경향을 보인다. 사실 둘의 관계를 괴롭히는 것은 우유부단함이다. 두 사람에겐 모든 게 다 고민거리다. 서로의 관계가 어떤 방향으로 나아가야 할지, 혹은 관계를 아예 끝내버릴지 계속할지 마음의 결정을 못 내리고 방황하는 식이다. 친구 사이일 때는 문제가 더 심각하다. 두 사람 다 리더가 되거나 상

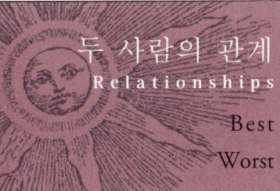

강점 · **가르쳐준다, 결단력 있다, 함께 나눈다**	
약점 · **표류한다, 불안정하다, 불확실하다**	
행복한 만남 · **가족**	
힘겨운 만남 · **사랑**	

상대방에게 권력을 행사하는 데 전혀 관심이 없는 경우도 생긴다. 이렇게 되면 둘의 관계는 방향을 잃고 헤맬 수밖에 없다. 이걸 다시 제 궤도에 올려놓고 싶다면, 둘 중 한 사람이라도 확고한 결정을 내리고 그 결정을 관철시켜야 한다.

동료나 가족 관계일 경우는 아주 성공적이다. 회사 경영진으로든 형제로든, 두 사람은 자신들이 속한 회사나 가족이 나아갈 방향을 제시해 주는 역할을 해낸다. 그것이 두 사람의 전문 분야이다. 상사와 직원 혹은 부모자식 관계로도 둘은 성공적인 관계를 이룰 수 있는데, 그러려면 직원이나 자녀가 상사나 부모의 접근방식에 동의할 수 있어야 한다. 여기서 한 가지 위험은 부모나 상사가 과도한 영향력을 행사할 가능성이다. 자녀나 직원의 삶을 지배한 나머지 그들의 독창성마저 막는 결과를 가져올지도 모른다. 그러므로 일단 상사나 부모가 된 사람은 중요한 숙제를 하나 받게 되는 셈이다. 즉, 아랫사람에게 주도권을 양보하고 스스로 생각할 수 있도록 격려하는 법을 배우는 것 말이다.

릴리안 기시 (1896년 10월 14일)
Lillian Gish

도로시 기시 (1898년 3월 11일)
Dorothy Gish

기시 자매는 할리우드 초창기의 미녀 배우들로 이들의 삶 전체가 영화를 중심으로 돌아갔다. 릴리안은 '무성영화의 퍼스트레이디'로까지 칭송받았으며 비극을 주로 했던 배우이다. 반면 도로시는 판토마임과 가벼운 코미디물에서 두각을 나타냈다. 둘 다 당대 최고의 인기를 누렸으며 몇 편의 영화에 함께 출연하기도 했다. 1920년 릴리안은 영화 〈남편 개조 Remodeling Her Husband〉를 감독하면서 동생을 캐스팅하기도 했다.

물고기자리 III 3월 11-18일 10월 19-25일 천칭-전갈자리
Pisces II THE WEEK OF DANCERS&DREAMERS   THE CUSP OF DRAMA&CRITICISM Libra-Scorpio Cusp

옳은 길은 아니더라도
Not by the Straight and Narrow

두 사람의 관계는 처음부터 끝까지 성공가도를 달리면서, 서로의 재능과 능력을 통합하여 하나로 응집된 결속력을 보여준다. 하지만 이것은 두 사람이 어떤 인생의 올바른 길을 따라가기 때문이 아니다. 그보다는 기존의 인습에 반기를 들면서도, 서로의 관계를 안정적으로 유지하는 독특한 방식을 터득하고 있기 때문이다.

advice

조언 한마디 | 공격적인 사람으로 비춰진다면
저항에 부딪칠 수밖에 없다. 부드러운 이미지를
만들어라. 정신적으로 더 깊게 결속하라.
자의식을 조금만 줄여라.

두 사람은 매우 깊은 감정을 나누는데, 서로에 대한 이런 깊은 이해심은 두 사람 스스로에게 이익이 될 뿐만 아니라 주변 사람들까지도 매료시킨다. 두 사람의 감정표현 방식은 다소 이상하게 보이기도 하지만, 아주 깊은 곳에서 우러나오는 것이기 때문에 누구나 즉시 받아들이게 된다.

둘의 관계에서 당신은 스타가 되며 천칭-전갈자리는 당신의 조언자, 제자, 동료, 조력자, 혹은 당신을 사모하는 사람의 역할을 충실히 수행한다. 카리스마가 넘치는 당신은 혼자서도 충분히 일어설 수 있는 사람이지만, 상대의 마음을 예리하게 간파하는 그의 배려와 격려를 통해 많은 도움을 받는다.

강점 ·	**결속력이 있다, 편안하다, 파격적이다**
약점 ·	**괴상하다, 도발적이다, 충격을 준다**
행복한 만남 ·	**부모자식**
힘겨운 만남 ·	**우정**

사랑과 결혼에서는 두 사람 사이의 친밀감이 육체적으로 감정적으로 큰 보답을 가져온다. 천칭-전갈자리는 편안하게 쉴 수 있다는 점에 감사하고, 당신은 정열적이고 지적 도전욕이 높은 그가 당신에게 애정을 베푼다는 사실에 감동한다. 두 사람 모두 가족을 만들고자 하는 욕구가 강하기 때문에, 아이를 갖는다면 보다 튼튼한 결속을 이루게 될 것이다.

두 사람의 우정에는 기이한 면이 있다. 즉, 함께 유별난 면모를 과시하듯 드러낸 후, 사람들의 놀라는 표정을 바라보며 즐거워하는 식으로 말이다.

부모자식이나 상사와 직원 관계라면 당신이 윗사람의 역할을 맡을 때에 가장 좋다. 당신은 친구나 직원인 천칭-전갈자리의 생각에 깊은 동조와 이해를 보여주며, 윗사람으로서 절대로 생색을 내지 않을 것이다.

잭 할리 2세 (1933년 10월 25일)
Jack Haley, Jr.

라이자 미넬리 (1946년 3월 12일)
Liza Minnelli

할리와 미넬리는 1974~79년 부부였다. 할리는 제작자 겸 감독으로 MGM영화사의 편집영화 〈이것이 오락이다That's Entertainment〉(1974)의 극본을 썼다. 그는 〈오즈의 마법사The Wizard of Oz〉(1939)에서 양철 나무꾼을 연기한 잭 할리의 아들이기도 하다. 미넬리 역시 이 영화에서 도로시 역할을 연기했던 주디 갈런드의 딸이다.

물고기자리 III **3월 11-18일** **10월 26일-11월 2일** 전갈자리 I
Pisces II THE WEEK OF DANCERS&DREAMERS   THE WEEK OF INTENSITY Scorpio I

여러 차례의 변화

Several Metamorphoses

두 사람은 뭔가를 이루겠다고 결심하면 목표를 달성할 때까지 절대로 포기하지 않는다. 하지만 결정을 너무 빨리 내리는 것이 문제다. 전갈자리I은 좀처럼 만족을 모르는 사람이다. 그의 빈틈없는 정확함은 당신을 숨막히게 한다. 당신은 전체적인 일의 진행에만 관심을 쏟고 세부적인 절차는 하찮게 흘려버리지만, 전갈자리I은 오히

advice

조언 한마디 | 세부적인 일에 얽매이지 말라.
머리 속에 큰 그림을 그려둬라.
타인의 영향에 마음을 열어라.
변화가 필요할 때는 저항하지 말고 받아들여라.

려 세부사항을 시시콜콜 따진다. 전갈자리와 물고기자리는 모두 '물'의 별자리이지만, 두 사람의 관계는 '흙'의 지배를 받는다. 따라서 둘의 관계는 견실함, 목적, 책임 등을 중요하게 생각한다.

둘의 사랑 관계는, 물론 성적으로도 강렬하지만 동시에 소유욕도 강하게 나타난다. 두 사람의 결속은 조금의 거리감도 용납하지 않을 정도다. 그러니 관계가 깨질 때에는 엄청난 고통이 뒤따를 수밖에 없다. 두 사람의 관계는 오랜 세월 계속될 수 있지만, 한편으로 수차례의 변화 과정을 겪는다. 여기에는 친밀한 우정을 닮은 플라토닉한 국면이나, 물리적으로 멀리 떨어져 지내는 시기 등이 포함될 것이다.

두 사람의 결혼은 평생 동안 계속될 수 있다. 둘의 감성적·경제

두 사람의 관계 Relationships	
강점	**목적이 있다, 성적 매력이 있다, 헌신한다**
약점	**고립됐다, 속물적이다, 지치게 한다**
행복한 만남 (Best)	**결혼**
힘겨운 만남 (Worst)	**사랑**

적·사회적 결속은 쉽게 깨지기 힘든 아주 탄탄한 것이기 때문이다. 두 사람은 노력하고 결실을 얻는 것에서 각자 똑같은 몫을 취하면서 서로에게 유익한 관계를 가꿔 나간다.

두 사람 모두 가계에서 대대로 이어온 사업이나 직업을 선호하기 때문에 가족 관계와 일 관계가 겹치는 경우가 많다. 따라서 서로 직업적으로 많은 것을 배우고 사업상의 중대한 결정을 함께 내리게 된다. 이와 반대로 친구 사이일 경우에는 사적 관계와 사업 및 가족 관계를 분명하게 구분하는 것이 중요하다. 두 사람의 우정은 본질적으로 사적이기 때문에, 둘은 호기심 어린 시선과 세상으로부터의 유혹을 피하기 위해 은밀함을 고수한다. 그리하여 세상으로부터 고립되는 쪽으로 나아가거나, 사회적으로 엘리트의 독점적 지위에 올라서려고 애쓸 것이다.

폴 캔트너 (1941년 3월 12일)
Paul Kantner

그레이스 슬릭 (1939년 10월 30일)
Grace Slick

록밴드 '제퍼슨 에어플레인Jefferson Airplane'의 멤버 폴 캔트너와 그레이스 슬릭 부부에게는 1971년에 태어난 딸 차이나가 있다. 슬릭이 임신했을 때 밴드는 최고의 앨범 〈제국에 불어오는 폭풍Blows Against the Empire〉을 녹음했다. 두 사람이 함께 낸 앨범 〈선파이터Sunfighter〉의 커버에 아기 차이나의 사진을 싣기도 했다. 1975년 경 이들의 로맨스는 끝났으며, 슬릭은 밴드의 24세 된 조명 담당자와 결혼했다.

물고기자리 III 3월11-18일 11월3-11일 전갈자리 II
Pisces II THE WEEK OF DANCERS&DREAMERS   THE WEEK OF DEPTH Scorpio II

설득의 힘

Powers of Persuasion

두 사람은 뭔가를 결심하면 기필코 그것을 이루고야 만다. 이 관계에는 거대한 설득의 힘이 존재한다. 그것이 너무나 강해서 두 사람이 하는 말이라면 누구라도 다 믿게 될 정도다. 그 결과 둘은 자신을 따르는 사람들의 신념을 배신해선 안 된다는 엄청난 도덕적 부담을 안게 된다.

advice

조언 한마디 | 말을 조심하라.
남들에게 헛된 생각을 심어주지 말라.
설득력이 오히려 자신에게 해가 될 수 있다.
과장하지 말라. 행동으로 보여주어라.

당신과 전갈자리Ⅱ가 의견을 일치시키기란 쉽지 않다. 사실 그 전에, 두 사람이 서로를 만나 즉시 관계를 이루는 것조차도 쉽지 않은 일이다. 그러나 만약 두 사람이 나이가 꽤 들어서 만나게 된다면, 좀 더 일찍 만나지 못한 것을 무척 아쉬워할 것이다.

둘의 사랑은 로맨틱하기보다는 숭고하다. 슬픔과 고통을 주는 요소가 둘의 관계에 스며드는 것은, 두 사람이 삶의 아픔에 대한 깨달음을 안고 살아가기 때문이다. 두 사람에게 행복이란 쓸쓸하면서도 달콤한 것이다. 그러나 인생은 비록 장밋빛은 아닐지라도, 결국에는 모든 일이 잘될 것이라는 믿음이 있다. 그리고 결혼은 이 모든 힘겨운 일들을 체념으로 극복해 낸다.

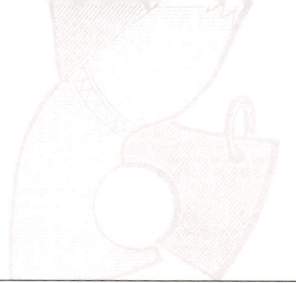

두 사람의 관계
Relationships

강점 · **설득력 있다, 숭고하다, 깊이 사색한다**
약점 · **과장한다, 고통스러워 한다, 후회한다**
행복한 만남 · **사랑**
힘겨운 만남 · **결혼**

Best
Worst

    두 사람은 일에서 성공적인 경력을 쌓는다. 이는 두 사람의 놀라운 설득력 덕분이다. 두 사람에게 물건과 서비스의 질과 신용은 생명과 같은 것이다. 그러나 그럼에도 불구하고 둘에게는 늘 평판의 문제가 따라붙는다. 사실, 허풍을 떠는 사람은 절대로 당신과 전갈자리 II가 아니다. 오히려 소비자와 고객이 감동에 사로잡혀서 두 사람에 대해 과장을 하게 되고, 그것이 부메랑이 되어 둘에게 피해를 입히는 것이다.

    형제와 친구로서 두 사람은 활발한 사교 활동보다는 단둘의 만남을 훨씬 즐기는 편이다. 이때 자기성찰과 영적 성장은 두 사람이 나이를 먹고 성숙해 가는 것을 의미한다. 폭풍우 같던 사춘기가 지나고 나면, 이들은 천천히 사색의 깊이를 더하며 삶의 의미를 곱씹을 것이다.

에드워드 알비 (1928년 3월 12일)
Edward Albee

샘 셰퍼드 (1943년 11월 5일)
Sam Shepard

알비와 셰퍼드는 미국의 극작가로 1960년대 프랑스 부조리 연극의 영향을 받았다. 당시 이제 막 봉우리를 피워낸 전위작가였던 셰퍼드는 후에 영화극본과 연기로 무대를 옮겼다. 알비 역시 전위작가로 시작했다. 그의 가장 위대한 성공작은 〈누가 버지니아 울프를 두려워하나?Who's Afraid of Virginia Woolf?〉(1962)이다.

물고기자리 III 3월 11-18일 11월 12-18일 전갈자리 III
Pisces II THE WEEK OF DANCERS&DREAMERS   THE WEEK OF CHARM Scorpio III

감정 논쟁

Emotional Polemics

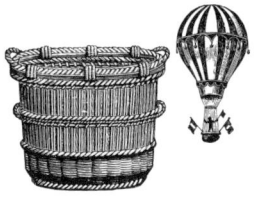

둘의 관계는 누가 우월하냐를 두고 싸움을 벌인다. 여기서의 우월함은 개인적 차원의 우월함이라기보다는 아이디어, 방법, 견해, 개념에 대한 우월함이다. 전갈자리III은 일반적으로 세부사항에 신경을 쓰는 편이며, 주변에서 일어나는 일을 규제하고 싶어한다. 반면 당신은 훨씬 관대하고 시야가 넓어서, 운명의 강풍에 맞설 때에도

advice

조언 한마디

반대하는 데에도 한계가 있어야 한다.
장점을 발휘하라.
반대 의견을 받아들이기 위해 노력하라.
따뜻해져라.

바람의 방향에 따라 몸을 굴리는 유연성을 보여준다. 이러한 차이로 인해 두 사람은 삶의 거의 모든 면에서 서로의 논리를 공격한다. 그리고 이로 인해 끝없는 토론과 대결이 이어지게 된다.

또한 두 사람은 스스로 관계에 날카로운 침을 꽂는다. 하지만 여기서 말하는 침이란 일종의 자극제로, 이것마저 없다면 둘의 관계는 무척 따분해질지도 모른다. 당신과 전갈자리Ⅲ은 황도대에서 120° 떨어진 관계를 이룬다. 덕분에 감각적이고 편안하고 느긋한 감정이 일어나게 된다. 따라서 이성은 날카롭게 분열되어 있지만, 감정은 편안하게 화합된 상태를 보여줄 것이다.

전갈자리Ⅲ은 당신에게서 현실적인 면을 끄집어낸다. 그래서 두

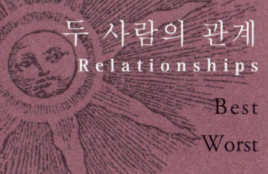

두 사람의 관계
Relationships

Best
Worst

강점 · **관능적이다, 개념적이다, 실용적이다**
약점 · **논쟁한다, 분열한다, 지나치게 느긋하다**
행복한 만남 · **우정**
힘겨운 만남 · **결혼**

사람의 로맨스는 달콤하지만 언제나 현실에 뿌리를 두고 있다. 성적인 접촉은 열정적이라기보다는 관능적이며, 고통스럽고 거칠다기보다는 즐겁고 지속적이다. 두 사람은 상대방의 감정을 마치 자신의 감정처럼 느끼기 때문에 서로 존경하고 이해한다. 따라서 결혼까지 하게 될 가능성이 높다. 하지만 결혼을 결정하기까지는 신중해야 한다. 서로의 차이점을 잘 알고 있으므로, 시간을 들여 진지하게 생각해야 할 것이다.

'흙' 원소의 지배를 받는 둘의 관계는 실용적이고 실질적인 견해를 갖고 있으며, 일을 할 때에도 놀랄 만큼 현실적이며 이성적인 모습을 보여준다. 두 사람 관계의 기초가 이처럼 튼튼하기 때문에, 날카로운 견해 차이에도 불구하고 함께 잘 융합될 수 있다. 여기서 전갈자리Ⅲ은 세부사항에 신경을 쓰고, 당신은 온 힘을 다해 창조력을 쥐어짠다. 따라서 두 사람이 동업자이든 직장동료이든, 함께 프로젝트를 맡게 되면 상업적인 성공을 이끌어낼 수 있다.

우정과 부모자식 관계는 대체로 따뜻한 분위기다. 둘은 곧잘 반대 의견을 내보이기도 하지만, 그래도 서로의 관점을 잘 받아들이는 편이다.

라이자 미넬리 (1946년 3월 12일)
Liza Minnelli

마틴 스코시즈 (1942년 11월 17일)
Martin Scorsese

라이자 미넬리는 마틴 스코시즈 감독의 〈뉴욕, 뉴욕New York, New York〉(1977)으로 스타가 되었다. 이 작품은 현란한 춤과 노래를 곁들인 할리우드 뮤지컬에 대한 헌정 영화였다. 영화를 찍는 동안 두 사람은 로맨스에 빠졌다. 그러나 두 사람의 관계는 엄청난 스포트라이트를 감당하지 못한 미넬리에게 큰 상처를 남긴 채 끝났다. 결국 미넬리는 알코올중독으로 베티포드 센터(할리우드 배우들이 애용하는 약물중독 전문 요양소로 포드 대통령의 아내 베티가 설립했다)에 입원해야 했다.

물고기자리 III **3월11-18일** **11월19-24일** 전갈-사수자리
Pisces II THE WEEK OF DANCERS&DREAMERS　　THE CUSP OF REVOLUTION Scorpio-Sagittarius Cusp

지구에서의 삶

Life on Earth

둘의 관계는 아주 안정적이라고 할 수는 없지만 좋은 시절에는 서로 의지가 된다. 당신이 좀더 진지해진다면 모든 피로를 풀어버릴 기회를 얻게 되며, 전갈-사수자리는 자신의 야성을 발산할 배출구를 얻게 된다. 두 사람에게 금지된 주제란 없으며, 모험을 위해서라면 자신의 모든 것을 거는 걸 두려워하지 않는다. 그런 성향이기 때

advice

조언 한마디 | 행동에 일관성을 유지하라.
자기 자신으로부터 도망치지 마라.
문제가 있으면 정면으로 맞서라.
　　　자기 계발의 기쁨을 경험하라.

문에 좀 안정을 찾아야 할 필요가 있다. 그러려면 흥분의 수위를 낮추고 알코올이나 다른 약물에 기대는 습관을 버리는 게 필요하다. 사실 드라마틱한 환상의 나래로부터 다시 현실로 돌아오는 것은 고통스러운 경험일 것이다. 하지만 조만간 깨닫게 된다. 모험으로의 도피는 처음엔 즐겁고 짜릿하겠지만, 결국 자신이 해결해야 하는 현실은 고스란히 남아 있다는 것을. 도피는 둘을 현실로부터 유리시킴으로써 상황을 더 악화시킬 뿐이다.

연애를 할 때 두 사람은 무아경에 빠지고 싶어하지만 그래봤자 더 무기력해지기만 할 뿐이다. 이때 가장 중요한 것이 변덕스러운 마음을 다스리는 일이다. 그냥 놔두면 정신병으로까지 발전할 수 있다.

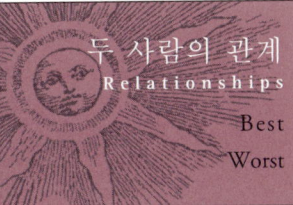

두 사람의 관계
Relationships

강점 · **재미있다, 도전적이다, 표현력이 풍부하다**
약점 · **도피 성향이 있다, 불안정하다, 고통에 약하다**
행복한 만남 · **우정**
힘겨운 만남 · **사랑**

만약 이 문제를 혼자 해결하기가 힘들다면 전문가의 도움이라도 구해야 한다. 결혼에서도 쾌락을 추구하는 경우가 많은데, 그런 식이어서는 곤란하다. 자신을 자각하는 게 필요한데 그것을 불가능하게 만들기 때문이다.

가족들은 함께 붙어 지내고 싶어하는 두 사람의 욕구를 잘 이해해 줘야만 한다. 두 사람 다 쉽게 분노하고 질투하는 타입인 때문이다. 당신과 전갈-사수자리가 형제, 특히 같은 성별의 형제라면 함께 환상의 세계를 만들어낸다. 특히 사춘기 때라면 그것이 둘의 정서적 욕구를 만족시켜줄 유일한 방법이다. 어른이 되면 이 관계에서 벗어나야 하는데 그건 아주 고통스러운 과정일 것이다.

서로 직장동료일 경우, 친밀한 우정을 키워나갈 수 있다. 반대로 친구였다가 같은 회사에 취직하여 동료가 되는 경우도 많다. 이러한 관계는 대부분의 시간을 함께 붙어 있으면서 서로 지극한 관심을 갖고 보호하는 양상을 보일 것이다.

골디 혼 (1945년 11월 21일)
Goldie Hawin

커트 러셀 (1951년 3월 17일)
Kurt Russell

배우인 혼과 러셀은 결혼은 하지 않고 오랫동안 동거하다 1986년 이래로 한 집에서 살고 있다. 두 사람은 아이 하나를 낳았으며, 혼이 전남편과의 사이에 낳은 두 아이까지 키우고 있다. 이들은 할리우드가 아닌 콜로라도 주 아스펜에 살고 있다.

물고기자리 III 3월 11-18일 11월 25일-12월 2일 사수자리 I
Pisces II THE WEEK OF DANCERS&DREAMERS   THE WEEK OF INDEPENDENCE Sagittarius I

꿈은 이루어진다

Fantasy Realized in Action

두 사람은 늘 행동을 우선시한다. 상상하는 것만으로는 부족하며, 언젠가는 자신의 꿈을 현실에서 이루고자 한다. 여기서는 '언젠가'라는 단어가 중요한데, 왜냐하면 환상을 실현하는 데는 몇 달이 걸릴 수도 있고 몇 년이 걸릴 수도 있기 때문이다. 하지만 두 사람의 관계는 실제적인 것을 추구하기 때문에 아주 사소한 부분까지 계획

advice

조언 한마디 | 오늘 할 일을 내일로 미루는 건 나쁜 버릇이다. 느긋한 것은 좋다, 하지만 도를 넘어서서는 곤란하다. 공격성을 발산하되 분별력 있는 방식으로 하라. 문제에 정면으로 도전하라.

하고 노력하는 것 자체에서 만족을 느낀다. 노력을 기울이는 것만으로도 아주 만족스러운 일이 된다. 또 두 사람은 다양한 형태의 여행을 즐긴다. 두 사람 다 한 장소에서 다른 장소로 이동하는 데서 큰 기쁨을 느낀다.

연애와 결혼생활에서도 장거리 여행을 아주 좋아한다. 여행에 대한 얘기 없이 오랜 시간을 보낸다면 둘 다 몸이 근질근질할 것이다. 여행은 두 사람이 당면한 문제에서 도피할 기회를 줄 뿐만 아니라, 좌절하거나 무시당해서 생긴 울분을 해소시켜 주는 안전판 역할을 한다. 분노를 해소하는 건 둘에게 아주 중요한 문제이다. 두 사람은 분노를 터트리는 데 세련되지 못해 욕설이나 폭력적인 형태를 보이

두 사람의 관계 Relationships	강점 · **상상력 풍부하다, 활동적이다, 애정이 넘친다**
	약점 · **무시한다, 게으르고 늑장 부리길 좋아한다**
Best	행복한 만남 · **우정**
Worst	힘겨운 만남 · **사랑**

기도 하기 때문이다. 또 그러다보니 주위의 지탄을 받는다. 분노를 터뜨리는 데도 지켜야 할 선이 있는 것이다.

직업적인 관계나 친구 관계에서는 아주 좋으며, 그 두 개의 관계가 겹쳐지는 경우도 많다. 대개 두 사람은 손재주, 전문기술, 예술적 기교가 강조되는 직업을 갖게 된다. 때때로 사수자리I의 과민반응과 당신의 유별남이 문제를 일으키기도 하지만, 작업 완료 시간과 할당량이 정해졌을 때는 책임완수를 위해 서로 힘을 합친다. 반대로 시간적 여유가 있고 요구받은 것도 많지 않을 때는 일을 하지 않고 빈둥거리는 편이다. 여기서 알 수 있듯, 두 사람은 꼭 해야 하는 일은 하지만 그 이상으로 열심히 하지는 않는다.

부모자식 관계는 지나친 요구를 하지 않으며 권위적이지도 않다. 자유롭고 편안한 태도가 주류를 이루며, 두 사람 다 상대방에게 넘치는 애정을 보여준다.

칼 벤츠 (1844년 11월 25일)
Karl Benz

고틀립 다임러 (1834년 3월 17일)
Gottlieb Daimler

독일인인 벤츠와 다임러는 자동차 발전의 선구자로서 내연기관과 자동차를 처음으로 개발한 사람들이다. 1886년 벤츠는 4실린더 엔진으로 굴러가는 차를 개발하고 특허권을 획득했는데, 이것이 세계 최초의 실용화된 자동차이다. 다임러는 고속엔진(1885)을 발명한 사람이다. 1890년 그는 다임러 자동차회사를 창립했는데, 이 회사는 1926년에 벤츠사와 합병해 다임러-벤츠사가 된다.

물고기자리 III **3월 11-18일** **12월 3-10일** 사수자리 II
Pisces II THE WEEK OF DANCERS&DREAMERS　　　THE WEEK OF THE ORIGINATOR Sagittarius II

터무니없는 교만

Following the Left-Hand Path

두 사람이 만난 것은 단 한 가지 목적 때문인 듯 보일 때가 있다. 자아를 실현하고 창의력을 발견할 수 있도록 돕는 일! 일단 두 사람은 내적 성장을 통해 터무니없이 교만해지기 쉬운데, 그런 경우에는 서로의 관계조차 필요 없다고 생각해 버린다. 그러므로 이 관계가 성공하기 위해서는 사수자리II가 먼저 자신의 자아를 억제하고 도

advice

조언 한마디 | 복종의 미덕을 배워라.
당신이 신보다 더 위에 있다고 생각하지 마라.
자신의 진정한 자아를 찾아라.
다른 사람의 제안에 귀를 기울여라.

덕적·종교적·영적인 권위에 복종하는 법을 배워야 한다. 당신은 이때 많은 도움이 될 수 있다. 영적인 안내자와 같은 역할을 하면서 그로 하여금 교만을 가라앉히고 진정한 내면의 흐름을 따르도록 격려해 줄 것이다. 그리고 이 과정에서 그는 당신의 용감하고 창의적인 행동에 동참하게 된다.

사랑은 열정적이지만 그렇다고 철학적 지향성이 없는 것은 아니다. 물론 두 사람 다 충분하다 싶을 만큼 즐거움을 경험한다. 하지만 만약 자기 감정의 깊숙한 곳을 탐험하며 인생의 신비에 대해 사색할 시간을 갖는다면, 둘의 사랑은 완전히 새로운 국면에 접어들게 될 것이다. 게다가 이렇게 탐구해 가다 보면 함께 지내게 될 가능성도

강점 ·	**철학적이다, 탐구한다, 복종할 줄 안다**
약점 ·	**반항적이다, 이기주의적이다, 배타적이다**
행복한 만남 ·	**사랑**
힘겨운 만남 ·	**우정**

더 높아진다. 결혼생활은 어떤 특정한 신념에 근거를 두고 이루어지는 경우가 많다. 그 신념은 공식적인 것일 수도 있고, 자신들이 만들어낸 어떤 주관적인 것일 수도 있다. 이런 경우 두 사람은 남들의 비판과 평가에 마음을 열어야 한다. 세상으로부터 스스로를 차단시키는 일은 하지 말아야 한다는 말이다.

서로 친구 사이일 때, 두 사람은 방향을 잃고 표류하기가 쉬운데, 그러지 않으려면 어디를 향해 나침반을 놓을지 결정해야 할 것이다. 부모자식 관계는 당신이 부모 역할을 할 때 더 성공적이다. 이때 당신은 자신의 권위를 존중해 달라고 요구해야 한다.

직장동료라면 자신의 에너지를 회사나 조직에 봉사하는 데 모두 쏟아붓게 된다. 여기서는 영감(靈感)이 극히 중요하게 된다. 두 사람은 창의력과 재능을 요구하는 영역에서 특히 실력을 발휘하게 될 것이다.

존 말코비치 (1953년 12월 9일)
John Malkovich

글렌 헤들리 (1955년 3월 13일)
Glenne Headly

말코비치와 헤들리는 1982년에 결혼해서 90년에 헤어졌다. 뛰어난 배우인 헤들리는 1980년대와 90년대에 많은 영화에 출연했는데 〈딕 트레이시Dick Tracy〉(1990)가 그의 대표작으로 꼽힌다. 말코비치는 영화와 연극에서 강렬하면서도 독특한 역할을 많이 맡았다. 특히 〈위험한 관계Dangerous Liaisons〉(1988)에서의 색마 역할은 인상적이었다.

물고기자리 III **3월 11-18일** **12월 11-18일** 사수자리 III
Pisces II THE WEEK OF DANCERS&DREAMERS THE WEEK OF THE TITAN Sagittarius III

두뇌훈련소

Brain-Buster

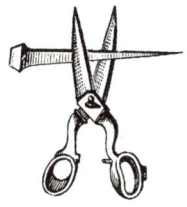

두 사람에게 약간의 지적 호기심만 있다면, 둘의 관계는 그걸 확대재생산해낸다. 만약 두 사람 다 지적이고 아이디어가 넘친다면, 이 관계는 두뇌훈련소의 역할을 하게 될 것이다. 카드, 체스, 낱말게임부터 컴퓨터까지, 그리고 기술이나 과학 분야의 연구에 이르기까지 두 사람은 자신의 두뇌를 연마하는 데 큰 관심을 쏟는다. 사수

a d v i c e

조언 한마디 | 자신에 대해 설명할 시간을 충분히 갖되, 보통 사람의 언어로 얘기하라. 인간적인 삶을 무시하지 마라. 모든 게 다 그렇게 복잡할 필요는 없다. 조금 단순해져라.

자리Ⅲ은 '불'의 원소이고 물고기자리Ⅲ 당신은 '물'의 원소지만 두 사람의 관계 자체는 '공기' 원소의 지배를 받는다. 여기서 공기의 지배란 이성(理性)의 힘을 의미한다.

둘의 사랑 관계에서는 한 가지 결점이 나타난다. 두뇌 게임이나 영리한 지략을 워낙 좋아하다 보니 육체적이고 정서적인 면은 완전히 무시해버리는 것이다. 사수자리Ⅲ과 물고기자리Ⅲ 당신이 황도대에서 90°를 이루기 때문에 점성학에서는 스트레스와 다툼을 예견한다. 하지만 이때의 대결도 감정적인 것은 전혀 아니며, 그보다는 각자 자신의 지적 우월성을 과시하려는 몸부림일 뿐이다.

결혼은 오래 지속되지만, 내내 지치지도 않고 싸울 것이다. 어쩌

두 사람의 관계
Relationships
Best
Worst

강점 · **지적이다, 논리적이다, 전문적이다**
약점 · **논쟁적이다, 이해하기 힘들다, 몰인정하다**
행복한 만남 · **우정**
힘겨운 만남 · **사랑**

면 그렇게 싸우기 위해서 서로 붙어 있는지도 모른다.

두 사람은 친구이면서 동시에 동료인 경우가 많다. 대부분 기술력이 요구되는 일을 하는데, 그 일은 중요하며 많은 집중력을 필요로 한다. 또한 두 사람의 복잡한 전문어를 이해하는 몇 명을 빼고는 아무도 이해할 수 없는 그런 일이다. 그러므로 둘은 가끔 고고한 상아탑에서 내려와 보통 사람들의 언어로 얘기할 필요가 있다. 그렇게 하지 않으면 엘리트주의자라는 비난과 질타에 부딪히게 될 것이다. 성공하고 싶다면, 적극적으로 자기 PR을 하고 단순하고 단도직입적인 방식으로 사람들과 사귀는 태도가 필요하다.

두 사람이 형제간이거나 사촌지간이라면 어린 시절 바둑, 체스,

비디오 게임을 하거나 온갖 종류의 퍼즐을 풀면서 즐거운 시간을 보낼 것이다.

해리 제임스 (1916년 3월 15일)
Harry James

베티 그레이블 (1916년 12월 18일)
Betty Grable

건강미 넘치는 여배우 그레이블은 '백만 달러짜리 다리'로 유명해졌다. 특히 제2차 세계대전 기간 중 군인들에게 엄청난 인기를 누리면서 핀업 걸의 원조가 되었다. 트럼펫 연주자인 제임스는 1930년대와 40년대에 아주 유명한 빅 밴드를 이끌었으며, 수백만 장의 레코드 판매고를 올렸다. 그들은 1943년에 결혼해 65년에 헤어졌는데, 할리우드에서는 비교적 오래 지속된 커플이었다.

물고기자리 III 3월 11-18일 12월 19-25일 사수-염소자리
Pisces II THE WEEK OF DANCERS&DREAMERS   THE CUSP OF PROPHECY Sagittarius-Capricorn Cusp

눈에 보이는 미래

Visualization

이 두 사람은 눈앞에 닥친 상황에 대해 생각하는 것만으로도 상황을 바로잡아내는 능력을 가졌다. 균형 잡힌 의지력을 갖고 있어 큰 충격이나 재앙이 닥치는 것을 미리 막아내는 것이다. 그렇기 때문에 또 둘은 조직의 운명을 이끌어가는 일에 있어서 무척 뛰어난 면모를 발휘한다. 소속된 조직에 필요한 것이 무엇인지 정확히 파악하고 명

advice

조언 한마디

너무 넓은 영토를 지배하려 하지 말라.
타인이 결정할 영역을 남겨둬라.
더 깊게 감정을 나누고, 더 넓게 이해하라.

확한 그림을 그려낸다.

어떤 사람들은 두 사람의 관계가 그저 실용적인 해결책을 수용하는 것일 뿐, 아무런 매력이 없다고 말하기도 한다. 그러나 두 사람은 상당히 신뢰를 주는 타입이기 때문에, 회의론자들마저도 둘에게 설득당하여 비합리적인 현상들에 대한 거부감을 다시 생각해 보게 될 정도가 된다.

둘의 사랑과 결혼은 매우 성공적이다. 두 사람은 물리적인 것보다 형이상학적인 면에 치중하지만, 그래도 둘 사이에는 따뜻하고 사랑스러운 감정이 풍성하게 흐른다. 그러나 싸우는 일은 드물지만, 때로는 너무 느슨해져서 활기와 정열이 부족한 것이 흠이다. 고뇌와 슬픔

강점 ·	**창조적이다, 균형감각이 있다, 북돋운다**
약점 ·	**너무 느긋하다, 평가절하된다, 자기도취**
행복한 만남 ·	**사랑**
힘겨운 만남 ·	**일**

이 찾아올 때면 사수-염소자리는 자신의 예언자적인 자질을 경계해야 한다. 부정적인 예감이 현실이 될 확률이 훨씬 높기 때문이다.

두 사람이 친구일 경우에는 어려운 시기에 서로 도움을 주고받는다. 둘의 관계는 특별한 격려와 지지를 보여준다. 좋은 시기에는 아주 가끔씩만 만나서 그동안의 소식을 주고받고 즐거운 저녁시간을 보내는 식으로 말이다.

두 사람이 함께 사는 가족일 경우 둘은 모든 공간을 지배하려고 할 것이다. 다른 가족들에게 무엇을 해야 하고 무엇을 하지 말아야 하는지에 대해 일일이 지시하려고 한다. 이때 둘이 너무나도 막강한 결속력을 보여주기 때문에 다른 가족들로서는 저항하기가 힘들 지경이다.

둘의 일 관계를 보자면, 아마도 날마다 얼굴을 대하며 함께 일하는 사이보다는 서로 상담이나 조언을 주고받는 사이인 것이 훨씬 바람직할 것이다. 만약 사업을 같이 한다면 두 사람의 계획은 어떤 방식으로든 결실을 맺겠지만, 경제적인 보상은 그에 미치지 못하는 경우가 훨씬 많다.

밀레바 마릭 (1875년 12월 19일)
Mileva Maric

앨버트 아인슈타인 (1879년 3월 14일)
Albert Einstein

아인슈타인은 1903년 취리히에서 동창인 마릭과 결혼했다. 하지만 아내가 자신의 일을 방해한다고 느끼게 되면서부터 결혼생활은 고통스러워졌다. 1914년 그는 아내를 두 아들과 함께 남겨두고 베를린으로 떠났다. 1916년 경, 그는 두번 다시 아내를 보지 않겠다고 결심하기에 이르렀고, 1919년에는 이혼을 했다. 그는 1921년 노벨상을 받은 후 상금 전액을 아내에게 주었다.

물고기자리 III 3월 11-18일 12월 26일-1월 2일 염소자리 I
Pisces II THE WEEK OF DANCERS&DREAMERS　　THE WEEK OF THE RULER Capricorn I

매력 발산

Turning on the Charm

이 관계의 과제이자 성공의 척도는 과연 어느 정도 편안함과 재미, 그리고 궁극적인 만족을 얻을 수 있느냐에 달려 있다. 두 사람은 갈등하면서 고통을 받는다. 물고기자리 III 당신은 자유로운 영혼의 소유자로서 아무도 흉내낼 수 없는 자신만의 방식으로 행동해야 하는 사람인데, 자기 방식대로 행동하기를 상대에게 강요하는 염소자

advice

조언 한마디

자신이 무엇을 원하는지 생각을 정리하라.
더 많이 헌신할수록 더 크게 기뻐하게 될 것이다.
자신을 더 잘 알기 위해 인내심을 훈련하라.

리I의 행동에 자꾸 억눌리게 된다. 그것을 해결하기 위해서는 두 사람의 관계를 가벼운 것으로 유지하면 된다. 그리고 그러기 위해서는 당신이 매력을 발휘하여 그를 편안하게 만든 뒤 그 방어벽을 무너뜨려야 한다.

사랑을 할 때, 보다 영리한 염소자리I은 당신과 기분 좋게 즐기고 재미있는 시간을 보내기 위해서는 먼저 그런 상황을 자연스럽게 받아들여야 하고, 긍정적인 자기 이미지를 가져야 한다는 것을 알게 된다. 그리고 이 점에 있어서는 당신이 그에게 가르쳐줄 것이 많다. 하지만 당신 스스로는 정반대의 문제를 갖고 있다. 즉, 너무 자신에 대해 만족하고 자기 비판이 부족한 것이 당신의 흠인 것이다. 그 결

두 사람의 관계
Relationships

강점 · **편안하다, 재미있다, 느긋하다**
약점 · **자만한다, 불성실하다, 얄팍하다**
행복한 만남 Best · **형제**
힘겨운 만남 Worst · **결혼**

과, 두 사람은 더 이상 이 관계에 노력을 기울일 가치가 없다고 판단하여 상대방에게 등을 돌리게 된다. 이 문제는 결혼을 시도하기 전에 반드시 해결되어야 한다. 결혼 관계에서는 사랑의 경우보다 더 요구하는 바가 많을 것이기 때문이다.

둘의 우정은 편안하고 즐거운 분위기를 만들기가 훨씬 쉽다. 하지만 그러기 위해서는 둘 관계의 깊이를 희생해야 한다. 두 사람은 위기의 순간에는 사라져버리는, 좋을 때만의 친구로 남게 될 위험이 있다.

오로지 형제 관계일 때만, 특히 성별이 다른 형제일 때만 둘은 헌신과 기쁨 사이에서 균형을 얻을 수 있다. 그 이유의 절반은 생물학적 인자 때문이며, 나머지 절반은 형제라는 이유로 자신도 모르게 떠안게 된 친밀감 덕분이다.

일 관계에서는 서로 바라는 것이 없고 놀랠 것도 없는, 스트레스를 덜 받는 직업에서 좋은 콤비가 된다.

유리 그리고로비치 (1927년 1월 2일)
Yuri Grigorovich

루돌프 누레예프 (1938년 3월 17일)
Rudolf Nureyev

그리고로비치와 누레예프는 20세기 발레계의 거물이다. 1946년 그리고로비치는 안무가로서 키로프발레단에 입단했다. 뒤에 그는 볼쇼이발레단의 예술감독이 되었다. 니진스키 이후로 가장 유명한 남성 발레 무용수인 누레예프는 1958년 솔리스트로 키로프발레단에 입단하여 61년 서방으로 망명하기 전까지 그리고로비치와 함께 일했다.

물고기자리 III 3월 11-18일 1월 3-9일 염소자리 II
Pisces II THE WEEK OF DANCERS&DREAMERS THE WEEK OF DETERMINATION Capricorn II

환상적인 팀워크

True Teamwork

두 사람은 리더 역할에는 관심이 없다. 두 사람 가운데 어느 쪽이 리더 역할을 맡든, 그 리더십이 둘의 관계 안에서 발휘되든 바깥 세계에서 발휘되든 상관하지 않는다. 어쨌든 나머지 한 사람은 진심을 다해 다른 한쪽을 뒷받침해 준다. 따라서 두 사람은 가족, 사회단체, 회사에서 보스와 참모로서 팀을 이뤄 함께 지도자 역할을 수행하는

advice

조언 한마디 | 당신의 능력을 가장 효율적인 데에 사용하라. 사람들을 당신의 의지에 복종시키려는 행동은 그만둬라. 항상 개인이 아닌 전체의 이익을 염두에 두고 행동하라.

데 적격이다.

그러지 않고 염소자리Ⅱ와 물고기자리Ⅲ 당신이 함께 지도자로 일하거나, 함께 직원으로 일하면 오히려 삐걱거린다. 여기서 참모로 일한다는 것은 주종 관계와는 전혀 다른 것이다. 왜냐하면 두 사람 다 상대방이 생색을 내거나 자신을 모욕할 때 절대로 참고 지나가는 사람들이 아니기 때문이다. 여기서의 참모란 그 사람 없이는 보스가 아무것도 할 수 없는, 그런 핵심적인 역할을 하는 사람이다. 두 사람은 이런 방식으로 대단한 팀워크를 이룬다. 둘은 작은 프로젝트라도 소홀히 하지 않으며, 성공을 위해 긴밀하고도 신중한 방식으로 함께 일한다.

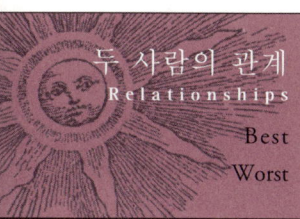

두 사람의 관계
Relationships

강점 · **로맨틱하다, 유머감각이 있다, 리더십이 있다**
약점 · **무모하다, 충동적이다, 지나치게 희생적이다**
행복한 만남 · **부모자식**
힘겨운 만남 · **직장동료**

두 사람은 서로에게 관계된 일이라면 뭐든지 열정적으로 관여한다. 성의 없이 일하거나 시키는 대로만 일하지 않고 기백과 열정을 다해 일한다. 연애는 아주 로맨틱해서 두 사람은 고민할 여유도 없이 푹 빠져들게 된다. 이러한 사랑은 본질적으로 가볍게 진행되지는 않지만 그렇다고 무겁지도 않다. 목적의식도 확실하고 분위기도 진지하며, 한편으로 유머감각도 있다. 결혼생활에서도 두 사람은 아주 좋은 태도를 보여준다. 비난, 부끄러움, 죄책감 등이 끼어들 틈이 없다. 또 다투더라도 금방 잊고 화해한다.

우정 관계에서는 서로가 좋은 친구가 된다. 이때 보스와 부하라는 식의 관계는 배제되어야 한다. 반드시 평등해야 한다. 한편 둘의 우정은 현실적이라기보다는 그저 재미있게 지내는 데 몰두하는 편이다. 두 사람이 부모자식 관계일 때는 아주 친밀하며 사이가 좋다. 둘이 한 팀이 되어 일을 하게 된다면 헌신과 희생을 요구하는 힘든 상황을 아주 잘 헤쳐 나갈 것이다.

리처드 닉슨 (1913년 1월 9일)
Richard Nixon

팻 닉슨 (1912년 3월 16일)
Pat Nixon

리처드와 팻은 1938년에 처음 만났다. 닉슨에게는 첫눈에 반한 사람이었다. 팻은 사랑이나 결혼에 대한 얘기는 하지 않기로 전제하고 그의 데이트 신청을 받아들였다. 하지만 결국은 생각이 바뀌어, 두 사람은 1940년 결혼하게 된다. 두 사람 사이의 갈등은 영화 〈닉슨Nixon〉(1995)에서 생생하게 묘사된 바 있다.

물고기자리 III 3월 11-18일 1월 10-16일 염소자리 III
Pisces II THE WEEK OF DANCERS&DREAMERS   THE WEEK OF DOMINANCE Capricorn III

좋게만 해석하기

Thinking the Best of Others

이 관계는 대단한 인간애를 발휘한다. 그만큼 주변 사람들과 인류 전체의 삶을 향상시키겠다는 야망도 대단하다. 염소자리Ⅲ은 무엇을 받아들이는 태도에서 아주 공정하고 정직한 사람이다. 또 물고기자리Ⅲ 당신은 사고가 상당히 우주적이어서 돈이나 권력 같은 세속적이고 이기적인 것을 추구하는 일은 의도적으로 피한다. 그만큼 두

advice

조언 한마디 | 당신은 겉으로는 관대하지만 사실 비난하고 싶은 마음을 숨기고 있다. 속임수에 놀아나는 일이 없도록 조심하라. 확실한 보장을 요구하라, 당신이 사랑하는 사람에게도 마찬가지다.

사람은 이상주의자이다. 하지만 그럴수록 명심해야 할 것이 있다. 살다보면 보증, 마감 시한, 법적인 계약 같은 문제들과도 부딪히게 된다는 것이다. 그러나 둘은 그런 문제들에 대해 너무 순진하게 생각한다. 확실히 요구해야 할 때는 요구할 줄 아는 사람이 되어야 하며, 뭔가를 보장해 줬다면 그 대가가 있어야 한다고 분명히 주장할 수 있어야 한다.

둘의 사랑에서는, 당신은 자꾸만 도망가고 염소자리Ⅲ은 집에 앉아 당신이 돌아오기만을 기다리는 일이 너무나 자주 일어난다. 이때 당신은 변명거리를 만드는 데 일가견이 있지만, 사실 염소자리Ⅲ에게는 잘 먹혀들지 않고 당연히 용서도 받지 못한다. 몇 차례 혼이 난

두 사람의 관계
Relationships

강점 · **공평하다, 정직하다, 인내심이 강하다**
약점 · **잘 속는다, 비현실적이다, 너무 도덕적이다**
행복한 만남 · **일**
힘겨운 만남 · **우정**

Best
Worst

후 당신은 결단을 내려야 할 것이다. 복종하는 법을 배우든지, 아니면 다른 짝을 찾아 나서든지.

친구나 부부일 때, 두 사람은 남에게 잘 속는 경향이 있다. 남의 말을 너무 쉽게 믿다보니 재산이나 명성까지 위험에 처하게 된다. 나쁜 사람이라는 게 확실하기 전까지는 무조건 좋게만 해석하기 때문이다. 이건 물론 좋은 자질이지만 그리 현실적인 자질은 아니며, 특히 신뢰할 수 없는 친척이나 친구와 모호한 문제에 얽혀들었을 때 문제가 커질 수 있다.

둘 사이의 관계에서도 가장 큰 이슈는 신뢰와 관용이다. 이 부분에서 염소자리Ⅲ은 엄격하고 완고하며 도덕적인 반면, 당신은 융통성 있고 관대하며 구속되는 걸 싫어하는 편이다.

　염소자리Ⅲ 부모는 물고기자리Ⅲ 아이를 부끄러움도 모르는 응석받이로 키우는데, 그러면서도 절대적인 통제권은 놓치지 않는다.

　두 사람이 일 관계로 만나는 사이라면, 인내심을 갖고 기회를 포착하는 데 막강한 능력을 발휘할 것이다.

채드 로 (1968년 1월 15일)
Chad Lowe

롭 로 (1964년 3월 17일)
Rob Lowe

TV 탤런트인 채드는 롭의 동생이다. 채드는 〈스펜서Spencer〉(1984~85)에서 주연을 맡았으며, 〈삶은 계속된다Life Goes On〉(1989~93)에는 형과 함께 출연하기도 했다. 영화배우이자 '브랫 팩(Brat Pack : 1980년대의 자유분방한 할리우드 배우 그룹을 일컫는 말)'의 멤버인 롭은 한 10대 소녀와의 섹스비디오 때문에 고소를 당했다. 이 일로 한동안 배우 일을 그만둬야 할 위기에 처하기도 했다.

물고기자리 III 3월 11-18일 1월 17-22일 염소-물병자리
Pisces II THE WEEK OF DANCERS&DREAMERS THE CUSP OF MYSTERY&IMAGINATION Capricorn-Aquarius Cusp

둘만의 정보

Private Archives

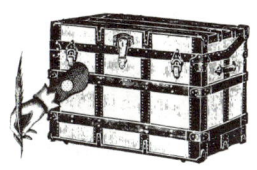

 이 관계 안에서는 두 사람이 서로 자신이 갖고 있는 비밀스러운 면을 끄집어낸다. 바꾸어 말하면, 이 관계는 모든 종류의 은밀한 정보를 담아둔 굳게 잠긴 금고와 같다고 할 수 있다. 이 안에는 자기 자신에 대한 정보뿐만 아니라 남들에 대한 정보까지도 들어 있다.

 두 사람이 가십에 관심이 많고 신문 읽기와 뉴스 보기를 즐기는

advice

조언 한마디 | 심한 권력 다툼에 빠지지 말라.
감정이 약탈당하는 것을 경계하라.
어쩌면 당신은 위험한 게임을 하고 있는지도 모른다.
조금은 다른 곳으로 눈을 돌려라.

것은 그래서 전혀 놀라운 일이 아니다. 듣고 보는 많은 것들이 바로 둘만의 사적인 정보 금고 안에 저장되어, 그 금고를 더욱 풍성하게 만들어줄 것이다. 그런데 금고 속의 내용물을 오직 둘만이 알고 은밀하게 즐긴다면, 정보를 열심히 모으는 두 사람의 행위는 남에게 해를 주지 않은 취미일 것이다. 하지만 정보는 어느 시기가 되면 결국엔 드러나고 만다. 물론 그 결과는 엄청난 파장을 일으킬 것이다.

사랑이나 결혼의 경우, 두 사람이 고민해야 할 대목은 서로의 과거를 어떻게 다루어야 할 것인가에 있다. 두 사람 모두 고통스러운 많은 기억을 가슴속에 묻어둔 채 살고 있다. 이 관계는 두 사람의 이러한 기억을 치유하는 기회가 되어준다. 그리하여 두 사람은 서로

두 사람의 관계
Relationships

Best
Worst

강점 · **기억력이 좋다, 상처 치유 능력이 있다**
약점 · **가십을 좋아한다, 선정적이다, 경솔하다**
행복한 만남 · **결혼**
힘겨운 만남 · **일**

솔직한 토론을 통해 어둔 기억의 많은 부분을 해소해 낸다. 과거의 일들을 이해하고 마침내 흘려보낼 수 있게 되는 것이다. 물론 이렇게 하기 위해서는 서로에 대한 상당한 믿음이 필요하다. 따라서 이 관계를 깨는 사람은 지독한 불안을 자초하게 된다는 점을 명심해야 할 것이다.

가족으로서 이 두 사람은 가족 안에서 일어난 사건들을 연대별로 꼼꼼히 기억하고 있는 기록자와도 같다. 둘은 친척들과 그 기록을 공유하지만 모두 다 공개하지는 않는다. 언젠가 자신에게 유리하게 이용하기 위해 비밀스러운 정보를 숨긴다.

직장동료 관계일 때 두 사람은 때때로 회사에 타격을 주는 정보를 모아두곤 하지만, 둘만의 비밀로 간직하는 것으로 마무리하는 분별력은 가지고 있다. 하지만 어쩌다가 해고를 당하게 된다면 이 정보를 공개하고, 심지어 극단적인 경우 이것을 이용하여 거래를 하려는 위험한 유혹에 빠질 수도 있다.

레니 할린 (1959년 3월 15일)
Renny Harlin

지나 데이비스 (1957년 1월 21일)
Geena Davis

데이비스는 〈우연한 여행자The Accidental Tourist〉(1988)로 오스카 여우조연상을 수상했다. 하지만 그녀의 최고 작품은 뭐니뭐니 해도 살인 혐의로 쫓기는 주부로 출연한 〈델마와 루이스〉(1991)다. 〈더 플라이The Fly〉에 함께 출연한 제프 골드블럼과 1990년 이혼한 뒤 그녀는 액션영화 감독 할린과 결혼했다. 할린은 〈클리프행어〉(1993)의 감독이다. 그밖에 할린의 작품으로는 〈다이하드2〉 〈롱키스 굿나잇〉 등이 있다. 두 사람은 1997년 이혼했다.

물고기자리 III 3월 11-18일 1월 23-30일 물병자리 I
Pisces II THE WEEK OF DANCERS&DREAMERS   THE WEEK OF GENIUS Aquarius I

이론의 영역

Theoretical Realms

이 관계는 사람들이 쉽게 접근할 수도, 이해할 수도 없는 이론의 영역에 에너지를 쏟아붓는다. 철학적 사색은 두 사람에게 매우 자연스러운 생활이다. 물론 둘이 만나게 됨으로써 이러한 자질이 더욱 강화된 것이다.

물병자리 I과 물고기자리 III 당신은 서로에게 촉각을 곤두세운다.

advice

조언 한마디 | 타인과 공감하는 것과
자신의 개성을 지키는 것 사이에서 균형을 찾아라.
남과 나누되 자신의 것을 주장하라.
자신의 문제를 남에게 전가하지 말라.

상대방이 원하는 것과 기분에 무척 예민하여 종종 상대방보다 더 앞질러서 아주 만족스러운 방식으로 문제를 해결해 준다. 이런 행동은 특히 두 사람의 심리적 유대를 견고하게 해준다. 모든 면에서 물병자리I은 훨씬 지능적이고 당신은 훨씬 감정적이지만, 이러한 차이는 두 사람의 관계를 해치기보다는 오히려 보완해 준다.

둘의 사랑은 덧없이 끝나는 마법과 같으며, 좀처럼 명확하게 설명하기가 힘들다. 두 사람은 서로의 감정을 자기 감정처럼 느낀다. 그런데 서로의 감정에 대해 느끼는 예민함은 실제로 고통을 낳기도 한다. 서로의 고민을 기꺼이 함께 나누지만, 때때로 상대방의 고민과 자신의 고민을 구별하지 못해서 곤란을 겪게 되는 것이다. 서로와의 관계

두 사람의 관계
Relationships

Best
Worst

강점 · **이론적이다, 예민하다, 사색을 좋아한다**
약점 · **주제 넘게 나선다, 고통을 받는다**
행복한 만남 · **사랑**
힘겨운 만남 · **가족**

속에서 자아의 경계가 모호해지고 정체성이 혼합되기 때문이다.

결혼생활에서 각자의 개성을 간직하기 위해서는 단호한 의지가 필요하다. 마치 부모로부터 자신의 정체성을 지키려는 아이들과 비슷하다.

가족으로서, 친구로서 두 사람은 서로에게 매우 예민하다. 그래서 한순간 상대방을 배려하고 이해하지만, 다른 순간 서로의 신경을 긁어대기도 한다. 두 사람은 상대방의 감정을 너무나 잘 읽어내기 때문에 함께 있을 때에는 머리를 비우는 것이 좋다. 또한 관계의 결속을 느슨하게 풀어줌으로써 각자 자기 내면의 흐름을 원활하게 할 수 있을 것이다.

일 관계는 모든 분야에서 나타날 수 있다. 둘은 아주 평범한 직업을 갖는다 해도 식사시간이나 근무 뒤에는 세련되고 심도 있는 대화를 나눌 것이다. 과학 연구나 교육, 카지노 도박, 게임, 투자 등을 함께 한다면 그 분야의 이론에 대한 호기심과 행운에 대한 매혹을 동시에 충족시킬 수 있을 것이다. 일상의 현실에 담겨 있는 법칙을 찾아내는 것이 둘에게 주어진 평생의 숙제이다.

미하일 바리슈니코프 (1948년 1월 28일)
Mikhail Baryshnikov

루돌프 누레예프 (1938년 3월 17일)
Rudolf Nureyev

러시아 출신인 바리슈니코프와 누레예프는 20세기 최고의 남성 발레리나로 손꼽힌다. 두 사람 모두 레닌그라드 키로프 발레단의 수석 무용수 출신으로 서구 세계로 망명했다는 공통점이 있다. 이들은 모두 안무와 라이프스타일에서 좀더 많은 자유를 원했다.

물고기자리 III 3월11-18일 1월31일-2월7일 물병자리 II
Pisces II THE WEEK OF DANCERS&DREAMERS   THE WEEK OF YOUTH & EASE Aquarius II

자신감을 주다

Boosting Confidence

이 두 사람은 함께 본질적인 무언가를 만들어낼 수 있는 잠재력을 지녔다. 둘의 관계는 조직적인 틀을 갖췄으면서 따뜻한 이해심도 겸비한 튼튼한 관계다.

서로의 재능을 격려하며 서로를 아끼고 높이 평가함으로써, 서로의 자신감에 활력을 불어넣어 준다. 상대방에게서 보다 창조적인 면

advice

조언 한마디

열정을 다스려라.
무절제에 빠지지 말라.
중독 성향을 조심하라.
비현실적인 생각을 줄이고 현실과 타협하라.

을 끌어내고 그것을 실질적인 유형의 것으로 실현해 내는 것이 두 사람의 특별한 능력이다.

두 사람이 사랑할 때, 감각적인 쾌락의 추구가 과해지면서 문제가 발생하기 시작한다. 두 사람 사이에서는 중독 증상이 흔하게 나타나는데, 환상이나 비현실적인 상황 등이 둘의 분별력과 현실성을 망쳐놓는 것이다.

결혼 관계에서는, 가정을 꾸미는 면에서 창조적 직관을 실현시키는 데 에너지를 쏟는다. 물병자리Ⅱ와 당신은 색상, 스타일, 디자인 등에 대해 전혀 다른 시각을 갖고 있기 때문에, 좀처럼 이런 문제에서 의견 일치를 이루기가 힘들다. 하지만 일단 합의에 이르게 되면

두 사람의 관계 Relationships	강점 · **기반이 튼튼하다, 상상력이 풍부하다**
	약점 · **무절제하다, 중독되기 쉽다, 탐욕스럽다**
Best	행복한 만남 · **일**
Worst	힘겨운 만남 · **사랑**

매우 신속하게 그 결정을 실행에 옮긴다.

둘의 우정은 '절제' 문제에 있어서 매우 취약하다. 하지만 절제하지 못하는 면이 나타나는 것은 대개 단순한 오락과 해롭지 않을 정도의 쾌락에서다. 그러므로 큰 걱정을 할 필요는 없다.

두 사람이 가족일 경우, 둘은 함께 맡은 일에 최선을 다하지만 그 대가로 지나친 사치에 빠지는 경향이 있다. 서로 친척간일 경우에는 함께 어울려 다니면서 과음과식하지 않도록 조심해야 할 것이다.

두 사람은 일할 때 파격적인 계획이나 제품을 확실한 궤도에 올려놓는 데에 특별한 재능을 보인다. 둘은 허황된 계획을 실현시켜 결실을 맺는 데 있어서 매우 뛰어나다. 완벽한 계획과 실행을 통해 환상에서 이윤을 창출해 내는 것이 둘의 장기다.

나탈리 콜 (1949년 2월 6일)
Natalie Cole

넷 킹 콜 (1929년 3월 17일)
Nat "King" Cole

1930~50년대 인기를 누렸던 가수이자 피아니스트인 넷은 〈크리스마스 송 Christmas Song〉(1945), 〈모나 리자 Mona Lisa〉(1950) 등으로 유명했다. 그는 딸 나탈리가 15세 되던 해에 사망했다. 1991년 나탈리는 녹음 기술을 이용하여 죽은 아버지와 함께 노래를 부르는 〈언포겟터블 Unforgettable〉이 수록된 앨범으로 그래미상을 수상했다. 이 노래는 그해 최고의 히트곡이 되었다.

물고기자리 III **3월11-18일** 2월8-15일 물병자리 III
Pisces II THE WEEK OF DANCERS&DREAMERS   THE WEEK OF ACCEPTANCE Aquarius III

기질의 차이가 보약

United by Differences

이 관계는 감정적으로 또는 정신적으로 매우 친밀한 유대를 갖는 것이 특징이다. 기질의 차이는 있지만 그것이 두 사람을 분열시키지 않으며, 오히려 하나로 결합시켜 준다. 그만큼 서로 깊이 빠져 있기 때문이다. 둘은 지성적으로 서로 견줄 만하다. 정확히 어떤 지적 테마가 서로 나눌 만한 것일지를 파악하는 데 상대적으로 익숙하지 않

advice

조언 한마디

물러설 줄 알아야 한다.
서로에게 충분한 공간을 허용해라.
사람은 어느 누군가의 소유물이 될 수 없다.
당신의 최고 관심이 어디에 있는지 기억하라. 도전하라.

지만, 서로의 의도와 생각의 줄기를 이해할 수는 있다. 어쨌든 둘의 기질적 차이로 인한 이러한 이질감은 오히려 상대방에 대해 더 알고 싶다는 충동을 일으킨다. 자신의 분야와는 전혀 딴판인 상대방의 전문 분야에 대해 더 많은 지식을 알고 싶어하는 것이다.

또한 배려와 공감이야말로 두 사람의 관계에서 보이는 가장 중요한 자질이다. 만약 물병자리Ⅲ이 당신을 못 견뎌 하게 된다면, 또는 당신이 상대가 너무 당신을 몰아붙인다고 느끼게 된다면, 둘은 스트레스를 받게 된다. 그런데 그 스트레스보다 더 큰 고통은, 서로를 제대로 이해하지 못할 만큼 서로의 마음이 부족하다는 것을 인정하지 않으려는 데서 비롯된다. 그러나 두 사람은 위기의 순간에는 서로에

두 사람의 관계
Relationships

강점 · **의리 있다, 공감한다, 사려 깊다**
약점 · **고립됐다, 유혹에 빠진다, 소유하려 한다**

Best
Worst

행복한 만남 · **결혼**
힘겨운 만남 · **직장동료**

게 헌신하는 상당히 의리 있는 한 쌍이다.

 둘의 사랑은 열정적이거나 감각적이지는 않지만 서로 고스란히 감정을 나누며 포용하고 애정을 품는다. 이는 오랜 세월 지속되는 사랑이다. 이때 우정에서 시작된 사랑이라면, 결국 다시 친구의 역할로 돌아가게 되기 쉽다. 그리고 연인 관계에서 결혼으로 넘어간다면, 이미 서로에 대한 마음을 충분히 보여주었기 때문에 성공 확률은 상당히 높아진다. 하지만 만약 둘 중 한 사람이 제3자와 사랑에 빠진다면 둘의 기본적 관계는 열정의 회오리에 휩쓸려 떠내려갈 것이며, 힘겨운 선택이 필요하게 될 것이다.

 둘의 우정이나 형제 관계는 매우 좋은 편이다. 하지만 친구나 가족으로부터 외면받아 고립되지 않도록 조심해야 한다. 사교모임이나 가족 안에서 어떤 정해진 책임을 맡게 된다면 둘 관계의 건강과 두 사람의 행복에 활력소가 될 것이다.

일 관계에서는, 두 사람이 훌륭한 동업자가 될 수 있다. 또한 큰 조직 안에서 훌륭한 경영진으로 함께할 수도 있다. 하지만 서로 직급이 낮은 직장동료일 때는 효율성이 떨어진다.

피터 앨런 (1944년 2월 10일)
Peter Allen

라이자 미넬리 (1946년 3월 12일)
Liza Minnelli

미넬리와 가수 앨런은 1964년 약혼하고 67년 결혼했다. 1970년 어느 날, 앨런이 보컬 파트너인 크리스 벨과 헤어진 바로 그날 두 사람도 헤어졌다. 두 사람의 이혼은 1973년 마무리되었다. 하지만 이들은 앨런이 1992년 사망할 때까지 좋은 친구로 지냈다.

물고기자리 III 3월 11-18일 2월 16-22일 물병-물고기자리
Pisces II THE WEEK OF DANCERS&DREAMERS　　THE CUSP OF SENSITIVITY Aquarius-Pisces Cusp

내면을 향한 발걸음

Steps to the Underworld

　물병-물고기자리와 물고기자리 III 당신은 아주 미스터리한 관계를 이룬다. 두 사람의 관계에 대해 잘 아는 사람은 그리 많지 않을 것이다. 어쨌든 두 사람은 감정의 아주 깊은 차원에까지 도달하지만, 거기엔 두 사람이 파고들어가기에 역부족일 정도의 장애와 복잡함이 존재한다. 이때 모험과 위협, 위험 등은 외부에서 오는 게 아니

advice

조언 한마디 | 더 깊이 발전하는 걸 두려워하지 마라.
어떤 힘이 당신을 보호해 줄 것이다.
괴물을 죽이지 말고 친구로 삼아라.
당신이 숨을 필요는 없다.

라 내부에서 생겨난다. 인생에서 정말 큰 모험은 내면에 존재하며, 내면을 추구하는 데에서 발생하는 막대한 위험(그리고 보상)이 결코 만만치 않다는 것을 두 사람은 깨닫게 된다. 결국 둘은, 살다보면 황야에서 길을 잃고 죽을 수도 있지만, 자기 마음의 미궁에서 영원히 길을 잃는 일은 더 끔찍한 일이며 살아 있는 송장이 되는 일이라고 생각한다. 그럼에도 두 사람은 이 도전을 기쁘게 받아들이며 자신감을 갖고 내면의 세계를 향해 첫발을 내디딜 것이다.

둘의 사랑이나 우정은 큰 불안감을 가져다준다. 상대방의 눈에 비친 자신의 모습이 괴물로 보이기 때문이다. 그러나 역설적으로 자신의 모습을 있는 그대로 보게 되며, 역할연기나 가식을 벗어던질 수

강점 ·	**깊이가 있다, 신비하다, 도전적이다**
약점 ·	**비밀이 많다, 유쾌하지 못하다, 위압적이다**
행복한 만남 ·	**사랑**
힘겨운 만남 ·	**가족**

있게 된다. 자신의 좋지 못한 면을 직시한다는 것은 아주 곤혹스러운 일이긴 하지만 개인적으로, 영적으로 발전하고자 한다면 꼭 거쳐야 할 과정이기도 하다. 그리하여 둘은 이 관계에서 기쁨이나 만족감을 얻지는 못하지만, 그보다 더 소중한 자기실현의 계기를 얻게 될 것이다.

두 사람이 결혼을 하거나 함께 일을 한다면 상대방의 실제적인 면을 더 많이 이끌어낼 수 있을 것이다. 물론 반대로 둘의 비현실성이 드러날 수도 있다. 후자의 경우일 때, 둘의 관계는 완전히 무너져내려 산산조각이 날 것이다. 그러므로 이 관계는 합격할 수도 불합격할 수도 있는 일종의 시험대라고 할 수 있다.

두 사람이 가족일 때는 굉장히 은밀하다. 그래서 다른 가족들은 둘이 깊은 관계라는 것조차 깨닫지 못한다. 하지만 다른 사람들이 둘의 관계를 명명백백하게 볼 수 있을 때 비로소 둘의 진정한 장점이 드러나게 될 것이다.

앤 셰리든 (1915년 2월 21일)
Ann Sheridan

조지 브렌트 (1904년 3월 15일)
George Brent

영화배우 셰리든과 브렌트는 영화 〈셋을 위한 허니문Honeymoon for Three〉(1941)을 촬영하다 사랑에 빠진다. 그리고 이듬해인 1942년에 결혼해, 그 이듬해에 이혼한다. 미인대회 우승자 출신으로 1930년대에 도도한 섹스 심볼로 이름을 날리던 셰리든은 영화 〈킹스 로우King's Row〉에 출연하면서 연기자로서의 재능을 인정받게 된다. 셰리든처럼 브렌트도 1930년대와 40년대에 한창 인기를 누리던 배우였다. 그는 할리우드의 톱 여배우들과 호흡을 맞췄는데, 특히 베티 데이비스와는 11편의 시리즈 영화에서 공연했다.

물고기자리 III 3월 11-18일 2월 23일-3월 2일 물고기자리 I
Pisces II THE WEEK OF DANCERS&DREAMERS   THE WEEK OF SPIRIT Pisces I

후퇴

Pulling Back

두 사람은 상당히 친밀한 편이지만 매일매일 만나야 한다면 잘 지내지 못할 것이다. 상대방에게서 도망쳐 자기만의 비밀스러운 세계로 숨어버리는 경향이 뚜렷하기 때문이다. 함께 있는 것에서 큰 만족감을 얻기도 하지만, 한편으로 자신의 욕구가 충족되지 않았을 때 외로움을 느낀다.

advice

조언 한마디 | 자신의 세계에 누구를 초대할지
잘 선택해야 한다.
서로에게 숨쉴 만한 여유 공간을 줘라.
불만을 무기로 사용하지 않도록 주의하라.

문제를 정리하면 이렇다. 두 사람 다 상대방의 관심을 몹시 필요로 하지만 평소에는 관심을 받아도 그저 당연하게만 받아들인다. 그리고 막상 관심을 거두어가면 그때서야 자신이 얼마나 많이 상대에게 의지했었는지를 깨닫게 된다. 두 사람은 상대방이 불만을 가질까 봐 몹시 신경을 쓰며, 어떤 경우에는 상대를 제압하기 위한 무기로써 불만을 표시하기도 한다.

둘의 관계가 연인일 때와 가족일 때, 특히 부녀간이나 모자간일 때는 감정적으로 매우 복잡하다. 상대방 때문에 짜증이 나는 경우가 많고, 또 그만큼 쉽게 상처를 받는 편이어서 몹시 고통스럽다. 하지만 두 사람은 기본적으로 서로에게 충실하다. 상대방이 어떤 성취를

강점 ·	**예민하다, 잘 보살펴준다, 영적이다**
약점 ·	**논쟁적이다, 짜증을 낸다, 거부한다**
행복한 만남 ·	**일**
힘겨운 만남 ·	**사랑**

이뤘을 때 함께 자랑스러워하며 곁에서 변함없이 도움을 준다. 서로 깊이 교감하고 의지하므로 오랫동안 함께 지낼 수밖에 없다. 그렇다고 두 사람이 최고의 하모니를 자랑한다거나 정서적으로 건강한 상태라는 얘기는 아니다.

물고기자리Ⅲ 당신과 물고기자리Ⅰ이 함께 사업을 시작하거나 가정을 이룬다면 아주 잘 꾸려 나갈 수 있다. 커플로서 둘은 서로를 잘 보살펴준다. 또한 가정을 안정적으로 꾸려갈 수 있는 살림꾼들이다. 하지만 지나치게 관대한 성격은 문제가 될 수 있다. 잘못하면 그것에 무임승차하려는 사람들에게 이용당할 수 있기 때문이다.

둘의 우정은 즐거움을 추구하며 느긋한 편이다. 또 한편으로는 정신적, 종교적, 뉴에이지(newage)적인 추구에 몰두하기도 한다. 이 관계는 두 사람이 한동안 떨어져 있을 자유가 있을 때 가장 좋다. 물론 여기엔 자신이 욕먹는다고 느끼거나 상대방에게 거절당했다는 비참한 느낌이 없어야 한다는 것이 전제되어야 한다.

조지 해리슨 (1943년 2월 25일)
George Harrison

패티 보이드 (1945년 3월 17일)
Pattie Boyd

비틀즈의 멤버 해리슨과 모델 패티 보이드는 1964년 초에 만났다. 비틀즈의 첫번째 영화 〈하드 데이스 나잇A Hard Day's Night〉에 단역으로 출연했던 패티를 보고 해리슨이 첫눈에 반했던 것이다. 이들은 1966년에 결혼했지만 몇 년 지나지 않아 틈이 벌어지게 된다. 그러나 벌거만 하다가 결국 1977년에 이혼하게 된다. 그녀는 후에 조지 해리슨의 친구이자 명기타리스트인 에릭 클랩턴과 결혼했다.

물고기자리 III **3월11-18일** **3월3-10일** 물고기자리 II
Pisces II THE WEEK OF DANCERS&DREAMERS　　THE WEEK OF THE LONER Pisces II

그냥 재미삼아

Just for Fun

　이 관계는 두 사람 모두에게 흥미롭고, 또한 보답을 준다. 현실에 입각한 업무, 기술, 예술, 과학과 관련된 일을 함께 추구하는 두 사람은 어떤 주제에 대해서도 의견의 일치를 본다.

　이때 물고기자리Ⅲ 당신은 물고기자리Ⅱ에게 일종의 선생님이나 역할모델이 되어주는 편이다. 당신은 그의 아이디어를 상업적으로

advice

조언 한마디

상황을 가벼운 마음으로 받아들여라.
중도를 찾아라. 지나친 행동은 삼가라.
남들에게 분노를 불러일으키지 않도록 주의하라.

성공할 수 있는 형태로 다듬어주며, 어떻게 하면 세상의 관심을 끌어모을 수 있는지를 가르쳐준다. 이 두 사람은 늘 서로를 높이 평가해주고, 거기에 더하여 가능하면 언제나 도움을 준다. 하지만 이런 식의 행동이 주위 사람들에게는 소외감을 느끼게 만든다. 그래서 둘의 관계는 폐쇄적이라는 비난을 받고 질투와 분노의 표적이 되기 쉽다.

연인일 경우, 두 사람은 따뜻하고 애정이 넘치며 별다른 문제없이 오래도록 평화롭게 지낼 수 있다. 열정적이기보다는 감각적인 편이어서 일상적인 삶의 즐거움에 탐닉한다. 그리고 가능한 경험들은 모두 해보고 싶어하는데, 거기에는 마사지나 위험하지 않을 정도의 약물 사용도 포함되어 있다. 결혼을 한다면 서로 입에 발린 칭찬을 늘

두 사람의 관계
Relationships

Best
Worst

강점 · **즐거워한다, 과장이 없다, 호기심이 많다**
약점 · **짜증나게 한다, 과도하다, 잘 오해한다**
행복한 만남 · **취미 중심의 관계**
힘겨운 만남 · **가족**

어놓겠지만, 그만큼 현실성은 결여되어 있다.

  우정 관계에서는, 서로에 대한 호감이 넘치며 또한 오락과 즐거움에 열중해 있다. 여기서 문제는 너무 과도하다는 것인데, 결국에는 그것을 완화시킬 방법을 찾아야 할 것이다. 일정한 주제에 대해 흥미를 갖게 되었을 때는 직업상으로 맺어진 관계보다는 그냥 알고 지내는 관계인 경우가 오히려 더 편하다. 무감각한 일상의 반복은 둘의 관계를 망가뜨린다. 두 사람은 의무와 기대감이 어깨를 짓누를 때 큰 고통을 느끼기 때문에, 차라리 별다른 요구 없이 그저 재미로 일하며 함께 레저도 즐길 때 더 생산적이 된다. 진정한 연구정신은 바로 이런데서 꽃을 피우게 된다.

두 사람이 가족일 때는 서로 공감하며 즐겁게 지내지만, 서로를 짜증스럽게 만들고 계속해서 오해를 조장하는 면도 있다.

C.P.E. 바흐 (1714년 3월 8일)
C.P.E. Bach

게오르그 필립 텔레만 (1681년 3월 14일)
Georg Philipp Telemann

작곡가이자 오르간 연주자인 텔레만은 독일의 위대한 음악가이다. 그는 J.S. 바흐의 절친한 친구이며 바흐의 아들인 C.P.E 바흐의 대부였다. 텔레만은 함부르크에서 가장 큰 교회 다섯 곳의 음악감독을 역임했다. 1767년 그가 사망하자, C.P.E 바흐가 그 자리를 대신하게 된다.

물고기자리 III **3월11-18일** **3월11-18일** 물고기자리 III
Pisces II THE WEEK OF DANCERS&DREAMERS　　THE WEEK OF DANCERS & DREAMERS Pisces III

생각과 행동의 일치

Fusing Thought and Action

이 관계는 생각과 행동을 아주 높은 차원에서 일치시킨다. 때로는 상업적으로 대단한 성공을 거두기도 하는데, 그만큼 두 물고기자리 III은 아이디어를 돈으로 연결시키는 방법을 잘 알고 있는 것이다. 둘은 철학과 돈이 전혀 모순 관계가 아니라고 생각하며, 돈을 창의적으로 쓰는 것이야말로 고도의 예술이라고 여긴다. 하지만 이러한

advice

조언 한마디 | 자기도취는 금물이다.
아첨꾼과 추종자들을 조심하라. 당신의 정열을
순수한 상태로 유지하라. 자신의 길을 가라.
착각은 당신을 빗나간 길로 인도할 수 있다.

상업적인 추구에 자신을 온통 빼앗기지 않도록 조심해야 한다. 잘못하면 거기에 지배당할 수 있기 때문이다.

한편 두 사람이 성공을 향한 행진을 갑자기 포기하거나, 혹은 일을 계속 하면서도 거듭 싫증을 느끼거나, 심지어 권태의 함정에서 헤어나오지 못하는 일도 생길 수 있다. 그래서 결국 사업이나 사회적, 학술적 프로젝트를 미완성인 채로 남겨두는 일도 자주 생겨난다.

둘은 또한 완전무결한 신처럼 보이려는 경향을 주의해야 하는데, 사실 자신들이 의도하지 않았는데 그렇게 되기도 하기 때문이다. 잘못하면 주변에 식객, 신봉자, 기생하려는 자들이 들끓을 수 있다.

두 사람의 우정은 사랑, 결혼, 일의 관계로 발전하기 쉽다. 서로에

강점 ·	**금전감각이 있다, 상상력 풍부하다, 사색한다**
약점 ·	**의존하게 만든다, 우쭐댄다, 욕심이 많다**
행복한 만남 ·	**일**
힘겨운 만남 ·	**사랑**

대한 신뢰와 이해가 대단하여 매우 특별한 화학작용이 일어나기도 한다. 이렇게 두 사람은 아주 깊은 관계로 발전한다. 두 사람은 몇 시간, 며칠, 몇 주를 함께 보내면서도 서로에게 전혀 짜증을 내지도 않고, 어려움이 발생하지도 않는다. 오히려 너무 결속이 강해서 가끔 형제로 오해받을 정도이다.

둘 사이의 사랑은 비현실적인 분위기가 강한데, 처음에는 서로 의식하지 못하다가 뒤늦게야 알게 된다. 서로를 향한 지나친 동경, 숭배, 신뢰는 오히려 조심하라는 경고의 신호이기 십상이다.

사실 둘은 상대방이 아니라 이 둘의 관계 자체와 사랑에 빠지는 것이며, 따라서 어느 순간 자신이 사랑하는 그 사람이 완전히 낯설

게 느껴지기도 한다. 둘은 또 결혼에도 비이성적일 정도로 높은 가치를 두는데, 이것은 완전히 현실과는 동떨어진 생각이다.

벤 코헨 (1951년 3월 18일)
Ben Cohen

제리 그린필드 (1951년 3월 14일)
Jerry Greenfield

어린 시절의 죽마고우인 벤과 제리는 1987년 새로 수리를 끝낸 버몬트 가스충전소에서 아이스크림 가게 '벤&제리'를 창업했다. 맨 처음 투자액수는 1만2천 달러였는데 그중 3분의 1은 빌린 돈이었다. 그러나 그곳에서 만든 아이스크림이 유명해지면서 사업은 눈덩이처럼 커져갔다. 두 사람은 또한 공동체운동과 사회활동에 헌신했다.

최고의 만남 Best Relationships

일을 위한 최고의 만남

양자리 III
양-황소자리
황소-쌍둥이자리
게자리 III
게-사자자리
사자자리 III
처녀자리 III
전갈-사수자리
사수자리 III
물병자리 II
물고기자리 III

결혼을 위한 최고의 만남

황소자리 III
쌍둥이자리 III
게자리 I
사자자리 I
처녀자리 II
천칭자리 I
전갈자리 I
염소-물병자리
물병자리 III

사랑을 위한 최고의 만남

물고기-양자리
황소자리 I
쌍둥이자리 II
쌍둥이-게자리
처녀-천칭자리
천칭자리 II
전갈자리 II
사수자리 II
사수-염소자리
물병자리 I
물병-물고기자리

우정을 위한 최고의 만남

쌍둥이자리 I
게자리 II
사자-처녀자리
전갈자리 III
사수자리 I

좋은 가족을 위한 최고의 만남

황소자리 II
천칭자리 III
천칭-전갈자리
염소자리 I

부록: 인생대운(人生大運)

The Grand Cycle of Life

세 가지 원의 비밀

여기에서는 48개의 별자리가 어떻게 나왔는지 그 배경 이론을 설명하려고 합니다. 먼저 당신은 세 가지 원을 만나게 될 것입니다. 그 세 가지 원은 결국 하나의 원이며, 거기에는 우주와 인간에 대한 진리가 담겨 있습니다. 당신은 사람이 태어나고 죽는 것의 의미를 알게 되고, 48개의 별자리를 보는 안목을 갖게 될 것입니다.

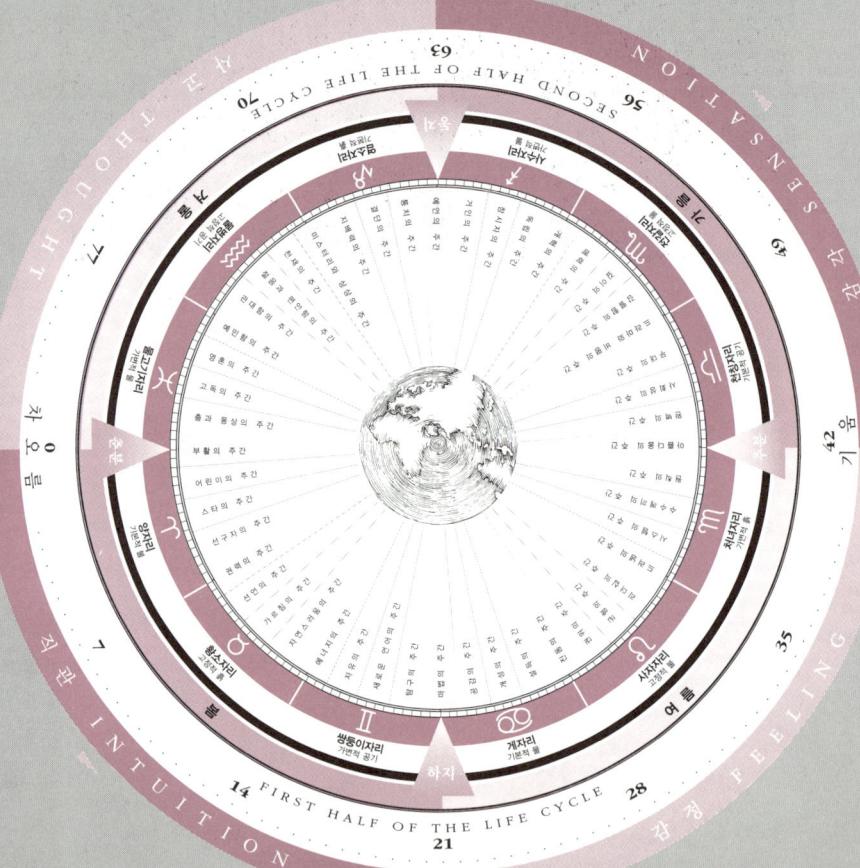

세 가지 원의 비밀 The Grand Cycle of Life

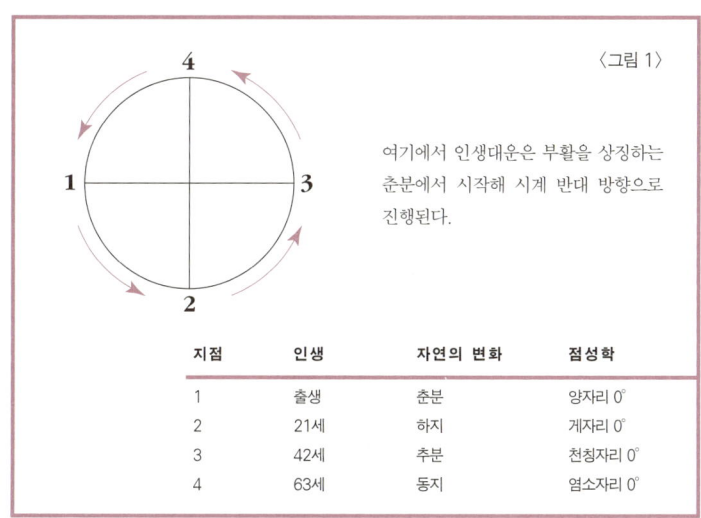

〈그림 1〉

여기에서 인생대운은 부활을 상징하는 춘분에서 시작해 시계 반대 방향으로 진행된다.

지점	인생	자연의 변화	점성학
1	출생	춘분	양자리 0°
2	21세	하지	게자리 0°
3	42세	추분	천칭자리 0°
4	63세	동지	염소자리 0°

하나의 거대한 원을 상상해 보자. 그 원에서 우리는 세 가지의 이미지를 볼 수 있다. 하나는 인간의 일생, 또 하나는 자연의 순환, 그리고 나머지 하나는 점성학의 황도대이다. 이렇게 세 가지 차원이 존재하는 원을 다시 두 개의 축으로 나눈다. 하나는 수직축이고 하나는 수평축이다. 원을 여행하는 순서는 이렇다. 수평축의 왼쪽에서 시작해서 시계 반대 방향으로 움직여 다시 시작점으로 돌아온다. 여기에서 두 축이 원과 만나 생기는 네 개의 지점은 각각 중요한 의미를 갖는다.

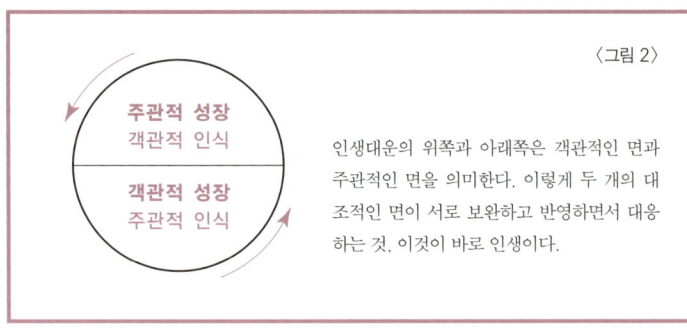

〈그림 2〉

인생대운의 위쪽과 아래쪽은 객관적인 면과 주관적인 면을 의미한다. 이렇게 두 개의 대조적인 면이 서로 보완하고 반영하면서 대응하는 것, 이것이 바로 인생이다.

원의 위쪽과 아래쪽

〈그림 2〉에서 보는 것처럼 수평축은 원을 반으로 나눈다.

원의 아래쪽은 인생의 전반기, 즉 태어나서 42세가 될 때까지를 의미하며 계절로 보면 봄에서 가을까지를 상징한다. 이 기간의 특징은 외형적이며 객관적인 성장이다. 개인에게든 자연에게든 드라마틱한 물질적 성장이 일어나는 시기인 것이다.

그러나 이때 세상을 보는 관점은 아직 주관적이며 무자각의 상태라고 할 수 있다. 실제로 앞쪽의 여섯 개 별자리(양자리, 황소자리, 쌍둥이자리, 게자리, 사자자리, 처녀자리)는 해와 달, 그리고 수성, 금성, 화성(태양계에서 내행성으로 분류되는 세 개 행성)의 지배를 받는다. 이 다섯 개의 천체는 철학적 문제나 범우주적 고민보다는 일상의 감정, 가족이나 남녀간의 사랑 같은 '지금' '여기'의 문제에 더 집중한다. 주된 능력 또한 '직관'이나 '감정'처럼 주관적인 것이다. 그래서 '개인적인' 별자리로 분류하기도 한다.

원의 위쪽 반은 42세에서 84세까지의 인생 후반기를 의미하며, 계절로 보면 가을에서 봄까지의 기간이다. 이때 인간이나 자연은 외형적인 성장은 멈추지만 내면적, 즉 주관적인 성장을 시작하는 시기이다. 그리고 그 결과 세상을 보는 관점은 객관적이 되어 자각의 상태에 이르게 된다.

뒷쪽 여섯 개의 별자리(천칭자리, 전갈자리, 사수자리, 염소자리, 물병자리, 물고기자리) 중 천칭자리만 빼고 나머지는 외행성(목성, 토성, 천왕성, 해왕성, 명왕성)의 지배를 받는다. 이 행성들은 지구 궤도의 바깥에 있으면서 좀더 우주적이고 철학적인 문제에 집중한다. 주된 능력 또한 객관적인 것들(지각과 사고)이다. 일곱번째에서 아홉번째까지의 별자리는 '사회적'인 것으로, 열번째에서 열두번째의 별자리는 '우주적'인 것으로 분류할 수 있다.

원의 왼쪽과 오른쪽

수직축은 원을 왼쪽과 오른쪽으로 나눈다(〈그림 3〉 참조).
천궁도의 왼쪽은(염소자리부터 게자리까지) '차오름'을 의미한다. 겨울과 봄 동안 해는

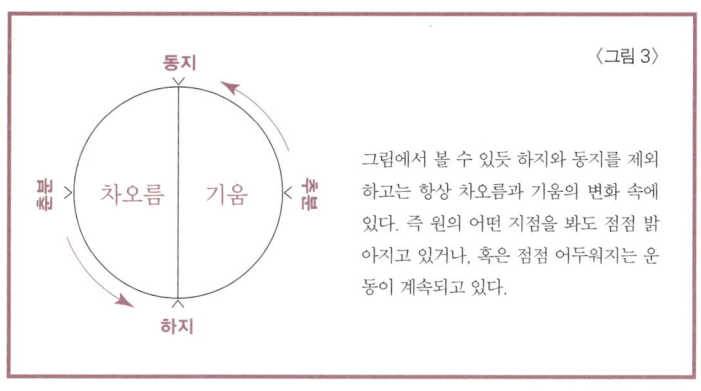

〈그림 3〉

그림에서 볼 수 있듯 하지와 동지를 제외하고는 항상 차오름과 기움의 변화 속에 있다. 즉 원의 어떤 지점을 봐도 점점 밝아지고 있거나, 혹은 점점 어두워지는 운동이 계속되고 있다.

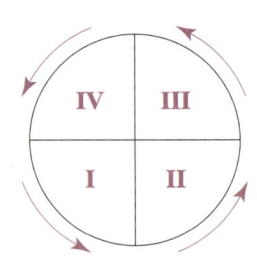

〈그림 4〉

사계절, 인생(천왕성의 공전주기인 84년), 황도대의 열두 개 별자리는 모두 똑같이 네 부분으로 나뉘진다.

사분면	계절	나이	별자리	변화	성장	성향
I	봄	0~21	양, 황소, 쌍둥이,	차오름	객관적	무자각
II	여름	21~42	게, 사자, 처녀	기욺	객관적	무자각
III	가을	42~63	천칭, 전갈, 사수	기욺	주관적	자각
IV	겨울	63~84	염소, 물병, 물고기	차오름	주관적	자각

점점 길어지기 때문이다. 반대로 오른쪽(게자리부터 염소자리까지)은 '기욺'을 의미한다. 여름과 가을을 지나는 동안 낮은 점점 짧아진다.

수직축의 양쪽 끝은 하지(6월 21일)와 동지(12월 21일)로서 두 개의 '지점(至點)'을 이룬다. 주역에서는 이 두 지점을 양점과 음점이라고 부른다. 한편 '분점(分點)'은 춘분(3월 21일)과 추분(9월 23일)인데, 춘분은 태양을 향해 다가가는 와중에 있으며 추분은 태양으로부터 멀어지는 와중에 있다. 분점에는 낮과 밤이 완전한 균형을 이룬다.

사분면

원을 수직축과 수평축으로 나누면 모두 네 개의 영역이 생겨난다. 이때 원의 사분면은 인간의 일생을 84년으로 볼 때 21년을, 자연계에서는 하나의 계절을, 점성학에서는 세 개의 별자리를 의미한다. 이때 세 개의 별자리 중 첫번째는 '기본적'이며, 두번째 별자리는 '고정적'이고, 세번째 별자리는 '가변적'이라고 이름 붙인다. 이 내용은 〈그림 4〉에 요약되어 있다.

이 사분면은 각각 세계를 이해하는 관점이 다르다.
Ⅰ : 직관   Ⅱ : 감정   Ⅲ : 지각   Ⅳ : 사고

퍼스놀로지 이론은 기본적으로 지구 중심의 체계를 가지고 있기 때문에, 두 분점(춘분과 추분)과 두 지점(동지와 하지)을 중요하게 생각한다. 전통 점성학은 천체 중심인데 반해, 퍼스놀로지 이론에서는 우리가 살고 있는 지구, 우리가 살아가는 일상을 중심으로 모든 것을 해석한다.

| 글쓴이 |

게리 골드슈나이더 Gary Goldschneider

게리 골드슈나이더는 에너지의 주간(5월19-24일)에 태어나,
젊은 시절 주로 전기문학과 정신분석 이론에 관한 책을 읽으면서
인간의 다양한 성격에 매료되었다. 3년 동안 예일 대학에서
정신의학을 공부했지만 결국 의사의 길을 택하지는 않았다. 대신 그는
점성학에 깊이 빠져 점성학과 인간 성격에 대한 상징적인 관계를 탐구했다.
또 그는 뛰어난 피아니스트이자 작곡가로서,
1985년 네덜란드로 이주한 이후로는 콘서트도 자주 열고
음악 강좌도 진행하면서 작곡활동까지 병행하고 있다.
물론 정기적으로 네덜란드의 한 잡지에 점성학에 대한 칼럼을 기고하는 일도
빼놓을 수 없는 그의 활동이다.

| 일러스트 |

주스트 엘퍼스 Joost Elffers

주스트 엘퍼스는 암스테르담 태생으로 혁명의 주간(11월19-24일)에 태어났다.
그는 지난 20년 동안 《탱그램Tangram》《고양이의 요람Cat's Cradles》등
여러 책의 일러스트를 담당했으며, 현재 뉴욕에 살고 있다.

| 옮긴이 |

최소영 · 최이정

자매 사이인 최소영, 최이정은 둘 다 천재의 주간(1월 23-30일)에 태어났다. 이 책이 말해주듯 어린 시절 가족으로서 둘 사이는 '최악'이었으나 어른이 되어서는 같은 길을 걸어왔다. 언니인 최소영은 연세대 신문방송학과를 졸업하고 《경향신문》 기자로 일하다 현재는 쓰고 번역하는 일을 하고 있으며, 동생 최이정은 한국외국어대 불어과를 졸업하고 《일요신문》《뉴스위크》 기자를 거쳐 역시 작가이자 전문번역가로 활동하고 있다.

《내 별자리의 비밀언어》 시리즈에 대한 더 자세한 사항은
www.byol4u.co.kr을 방문하면 알 수 있습니다.